Get the Scoop on Salma—
FIND OUT:

- Who she considers the sexiest man alive
- What big role she turned down and why
- Which leading man she was most attracted to
- Which are her favorite foods
- What she has planned for the future
- And much, much more!

Salma Hayek

PATRICIA J. DUNCAN

Translated from the English by Francheska Farinacci

St. Martin's Paperbacks

SALMA HAYEK

Copyright © 1999 by Laura Dail Literary Agency, Inc.

All rights reserved. No part of this book may be used or reproduced in any manner whatsoever without written permission except in the case of brief quotations embodied in critical articles or reviews. For information address St. Martin's Press, 175 Fifth Avenue, New York, N.Y. 10010.

ISBN: 0-312-96982-1

Printed in the United States of America

St. Martin's Paperbacks edition/April 1999

10 9 8 7 6 5 4 3 2 1

Acknowledgments

Thanks are due to the following people for their notable contributions to this project:

The people at St. Martin's Paperbacks, especially Publisher, Matthew Shear, for his commitment to launch this series of bilingual biographies, and Glenda Howard, for her dedication to seeing it through.

Francheska Farinacci, for her hard work in translating the text into Spanish.

And my agent, Laura Dail, for again recognizing a worthy project and including me in it.

Thank you.

Author's Note

The quotes from Salma Hayek interspersed throughout this book were taken from a wide variety of published interviews she has given. I did not have the opportunity to interview Ms. Hayek myself.

Contents

Chapter 1: Salma Hayek—An Introduction 1

Chapter 2: Salma's Early Years 5

Chapter 3: Salma, North of the Border 11

Chapter 4: *Desperado* and Beyond 18

Chapter 5: Salma on Beauty 42

Chapter 6: Salma on Fashion 47

Chapter 7: Salma on Love 53

Chapter 8: Future Projects 58

Chapter 9: Salma—A Symbol of Mexican Identity 65

Chapter 10: Trivia Tidbits 73

Chapter 11: Timeline 79

Chapter 12: Salma Online 84

1

Salma Hayek—An Introduction

Standing just five-foot-two inches tall and weighing a mere 106 pounds, Salma Hayek is perhaps the most famous and certainly the hottest Latina in Hollywood today. This thirty year–old Mexican-born beauty has captivated Hollywood and earned herself the title of "the first female Latin movie star since Dolores Del Rio." She has joined the ranks of the 'Hispanic chic' which include actresses like Jennifer Lopez and Rosie Perez and singers like Gloria Estefan, who represent the rising trend of Hispanic awareness in the United States. Like these women, Salma has shattered the largely non-Hispanic community of Hollywood, which has thwarted many Latina careers.

While petite in size, she has the determination of a lioness. This determination—combined with stunning good looks, spectacular figure and that come-hither look that dazzles onlookers—

has propelled her to an almost instant stardom in perhaps *the* most difficult town in which to be recognized.

Rarely does a week go by in which Salma Hayek is not featured in some magazine or newspaper article. In the few years she has been in the United States, she has gone from a virtual unknown to an international sex symbol and celebrity. She now boasts an impressive resumé of television and film appearances, and is arguably the most sought-after Latina actress today, affording her the luxury of picking and choosing from the many roles that come her way.

But the stardom that Salma Hayek has attained in just a few years did not come easily. Even with the advantage of her sultry, sexy looks, curvaceous, head-turning figure and coquettish nature, Salma struggled when she first arrived in Hollywood. Today she laughs at her initial naiveté. It is hard for her to believe how little she knew back then, but she actually called up the William Morris Agency and asked to speak to Mr. Morris, ''He's been dead for years,'' they told her. Today, the William Morris Agency represents her.

Salma attributes her eventual breakthrough to hard work and a determination not to succumb to the stereotypes that control Hollywood. Both her accent, which used to be quite strong, and her foreign looks have kept her from getting some parts she thought she was right for. Hayek herself has never been bothered by the fact that she doesn't look like the average American "girl next door." Once she reads a part that she thinks she can play, she told one interviewer, "it's very hard to convince me otherwise. If you get me in a room with a director, chances are I might convince him too." But she has run up against lots of resistance, and she feels that there are lots of roles that she could play successfully that have yet to be created.

Salma Hayek not only faced and defeated this resistance, but she also endured a certain amount of sexism when she first arrived in the U.S. Her early roles were mostly short appearances that featured her beauty and body instead of her talent as an actress. Yet, Salma did not accept those roles to be sexy. She accepted them because "[y]ou get what you can. It's not like you get all these offers and get to pick." Her strategy worked: she is now offered feature roles that highlight her intelligent screen presence and acting talents. Finally she *is* able to pick what she wants.

Salma attributes her success not only to her resolution not to accept defeat but to her astute representatives—but don't think that her reps acted alone. "I'm a strategist," she has said. "I love it. It consumes me. I can't sleep. I call the lawyer and I say 'check this clause.' I call the agent and say 'do this.' I'm a doberman.''

In an interview with the Mexican newspaper *El Universal*, Salma stated, ''Everything is like a game of chess. If you move the wrong piece, it's checkmate.'' In Salma Hayek's case, she has moved the right pieces, and that's how this one-time Mexican soap opera star has been catapuled from Hollywood unknown to international superstar.

2

Salma's Early Years

Born on September 2, 1968 in the Gulf Coast port of Coatzacoalcos, Veracruz, Mexico, Salma Hayek remembers a happy childhood filled with coconut milkshakes and sweet pork tacos. Her father, a businessman, is Lebanese and her mother, a former opera singer and teacher who now dedicates her time to finding scholarships for talented young people, is of Spanish descent. This cross-cultural mix most certainly accounts for Salma's exotic beauty. Along with her younger brother Sami, she grew up in the town of Coatzacoalcos. A solid middle-class town with a strong economy, it was a good place to grow up, however, it did have its drawbacks. Salma recalls the chemical spills that contaminated the local beaches, forcing them to close, and forcing kids like Salma to seek their entertainment inside—in front of the TV, or in the movie theaters—instead of outside on the sunny beaches.

Salma's strength of character—and defiance—were apparent from a very early age. She convinced her parents to send her to a Catholic boarding school in Louisiana at the age of thirteen, and Salma was a good Catholic girl. "I loved singing in Mass. But at the same time, I had this addiction for practical jokes, and the nuns were my main target." During her two years at the boarding school, she played a number of practical jokes that eventually got her kicked out of school. When asked by *GQ* Magazine to name the meanest prank she ever played, Salma responded, "One time during study hour, I asked to go to the bathroom and I sneaked into the dorms and set all their alarm clocks three hour earlier." She told Jon Stewart on the CBS Late Late Show that she also used to sneak tequila from Mexico to the cooks and chefs at school so that, in return, she would get the best food.

She returned to Mexico without having learned much English, because at school she spent most of her time with the Mexicans, and didn't practice the English she had learned when she returned to Mexico. Years later, upon her arrival in Hollywood, she would regret not having applied herself more diligently.

After she graduated high school at the age of sixteen, her mother did not want her to go off to college; she felt Salma was too young for college boys. Instead, Salma was sent to Houston to live with her aunt for four months. Around this time, when Salma was sixteen, she entered her 'punk' period: "I wore t-shirts with pointed studs and had my hair sticking up," she told *InStyle* magazine. This period eventually gave way to a very conservative phase, in which she wore oversized clothes that hid her figure. This, in turn, was followed by a slob phase in which she wore nothing but shorts and sweatpants. But Salma defended herself and her teenage clothing phases: "Even when I was punk, I had a sense of style. I didn't just throw things together. They had to be the right disgusting combination." This identity crisis, expressed through her outfits, passed with time, and Salma moved on to the next and more serious stage of her life.

When she returned once again to Mexico City, Salma studied International Relations and Drama at the Universidad Iberoamericana. It was at this time that she made up her mind to pursue an acting career. In an interview with *Axcess* magazine, Salma stated, "I always wanted to be an actress ever since I was a little girl, but later I tried to convince myself that's not what I wanted. That I wanted to settle down with a stable career. That's what everyone else was doing, and it's what my parents expected of me. So, I tried to put that part of me away. But, I couldn't fool myself." Try as she did to ignore her acting ambitions, she could not, and at the age of eighteen, she decided to pursue her dream. Initially, her parents were not very pleased with her decision, and her friends "thought that it was the tackiest thing they'd heard of. Acting was really beneath them. They couldn't believe that I would want to become an actress."

In her late teens, shortly after making her big decision, Salma was discovered by a prime–time soap opera producer from the Televisa studios in Mexico. She became an overnight success, appearing in several *telenovelas*, or soap operas, including "Nuevo Amanecer," and, most notably, "Teresa." The later was a prime-time show in which she played the lead character, a poverty-stricken woman who tries desperately to escape from her miserable life. The character of Teresa uses her beauty and charm to get what she wants, and similarly, Salma's stunning looks helped launch her from unknown actress to overnight celebrity in Mexico. In fact, Salma herself was astounded by the magnitude of her success in "Teresa," which has been syndicated in over twenty countries around the world. She actually has said that she doesn't know how the viewers could stand to watch it every night. Indeed, throughout her tenure on the show, during which fans would come up to her in the street and profess their love for Teresa, Hayek worried that this kind of acting would destroy any real talent she might have.

But despite her newly acquired stardom and status as a Mexican "bombshell" (a word she still does not understand—she has actually asked whether it means that she bombed in a film), Salma wanted more. She was not content to be a soap opera star—she wanted to make movies and be a movie star in the true sense. She looked around, and from what she saw, Mexico's cinema was not going to be able to offer her what she wanted. She realized that she would have to leave Mexico and start again. So, now a respected actress in Mexico (she had already won that country's equivalent of an Emmy for Best Actress for her starring role in "Teresa") and with a national reputation for her beauty and flirtatious charm, she made the decision that would forever change her life.

Intent on becoming a Hollywood star, she packed up and headed for the United States in early 1991. Despite the fact that she spoke very little English, she risked it all, and at the height of her fame in Mexico, she dared to strike it big where it really counted: Hollywood.

3

Salma, North of the Border

When asked in an interview with *GQ* magazine why she gave up a successful career in Mexico to come to the United States, Hayek responded, "I didn't want to do soaps all my life. It's very sad—the best Mexican actors, brilliant people, they live in little tiny houses and have no money ever. So I gambled, came here and started all over again." Salma knew that the opportunities were much greater in the United States, ". . . and so the risks in getting here had to be greater as well," she acknowledged.

As it turned out, her gamble paid off. Her instincts have rarely failed her: even though she had a successful career and a very nice life in Mexico, her instincts were pushing her to take the next step and start over. And start over she did. With two suitcases in hand, she arrived in L.A. with talent, looks, brains, and a burning desire to succeed and become a superstar.

When Salma Hayek arrived in Los Angeles, she believed that she would have a jump on things. She already spoke some English and had an outstanding acting resumé from Mexico. But she quickly realized that, in fact, she was further behind than she had imagined. She studied Shakespeare at Stella Adler in order to improve her English. "When I went to acting school, it was so depressing," she has said. "Nobody could understand a word I said. I couldn't get around, that's how bad it was. I had to dedicate two years of absolute devotion to learn English." Even now Salma has a coach to work on reducing her heavy accent. In an interview with *Elle* magazine, Hayek recalls how she used to say *"Calladita me veo más bonita"* which means, "I look prettier when I'm quiet." But she applied herself and made a tremendous effort to assimilate into her new environment, and for the first three years she remained on the fringes of the film world, taking walk-on roles, working as a makeup artist, and doing voice-overs, all while trying to improve her English at the Shakespearean workshops.

She was paying her dues, and at times she was tempted to give it all up and go back to Mexico: despite her hard work and devotion, her savings were running out. But she held fast to her pursuit. In her view, to go back to Mexico would be to concede defeat. She was simply too proud for that, too proud to admit to anyone that she might have wasted two years of her life. She kept studying, kept auditioning and remained focused and confident in her ability to make that crucial breakthrough. And she remembered why she had come in the first place—to make films. In Mexico "Mexicans mostly go see big American movies," so American movies were exactly what she was going for.

Salma had difficulty adjusting to her new life: her status as an unknown, her trials with English, and, not least of all, the formidable daily task of *driving* in Los Angeles. "What a nightmare!" she said in an interview with *Los Angeles* magazine. Although she hadn't driven in Mexico, here in America she wanted to be independent. Her first car was a stick shift. That lasted two days. Then she got an automatic. But since she had no idea where anything was, and since her friends had made her "totally paranoid" about the Beverly Hills police, she bought a car phone so that she could call her friends and ask them for directions en route. The bill for that phone was enormous. "I was always so lost," she said. "I would get on the phone and drive my friends crazy. I would stay on the line the whole time because I'd get so lost—and always at the wrong places. I'd be on the phone, crying for hours in East L.A., crying for hours in South-Central. I was so afraid to open my window and ask, 'How do you get to Beverly Hills?' '' Salma thinks that this aspect of her new life was probably the toughest adjustment of all. But Hayek paid her dues in that respect too.

After many small, mostly ethnic roles, Salma's initial break finally came.

For four months, she auditioned for the lead in *Mi vida loca* (*My Crazy Life*) when the director, Allison Anders, told her that she was going to give the role to the other girl, but that she really liked Hayek. She offered to give Hayek some small parts so that Hayek could get her Screen Actors Guild card. Salma agreed. Small parts not withstanding, Hayek got a lot of publicity from the movie, because on the movie poster, which was more widely seen than the movie itself, Hayek's image was much bigger than that of the other actress. The movie is about two best friends living in a poor Hispanic neighborhood of Los Angeles who find their friendship torn apart when one becomes pregnant by the other's boyfriend. Salma had a small role as the character Gata.

Around that time, she also landed small roles on the small screen. On ''The Sinbad Show,'' she played the neighbor of the main character, a video game programmer who was raising two children, who was played by the comedian Sinbad.

"Dream On," was an HBO comedy about a divorced father who worked as a book editor. Salma landed a guest appearance as the sexy maid, Carmela, in an episode titled, "Domestic Bliss." On "Nurses," a television sitcom about nurses working in a hospital, Salma had a guest appearance, as the sister of one of the regular characters.

Salma paid her dues in other ways too. She also learned that the men in Hollywood could be just as chauvinistic and sexist as their counterparts in Mexico. But Salma Hayek would prove that she was no shrinking violet. Her first big break was just around the corner.

Salma Hayek and film director Robert Rodriguez seemed destined to "discover each other." One night Hayek went to see Rodriguez's film *El Mariachi*, which made a great impression on her. As she drove home, she thought about how much she wanted to meet him. That very night, after she had gone to sleep, her phone rang. It was Elizabeth, Robert's wife, calling to arrange for Hayek to meet Rodriguez. Coincidentally, Rodriguez had been flipping through the channels that evening when he came across Hayek being interviewed on a

Spanish language cable show ("The Paul Rodriguez Show").

Robert Rodriguez immediately thought that she would be perfect for the female lead in *Desperado*, the film he was about to make starring Antonio Banderas. Although the studio wanted a blonde for the role, Rodriguez believed that a Latina heroine should be played by a Latina star. He immediately cast her in *Roadracers*, a film he was making for cable television. Salma played the role of Chicanna Donna and shared the screen with David Arquette.

Rodriguez also used her in his segment entitled "The Misbehavers" in *Four Rooms*, a four-part cable TV film featuring the work of four directors (Allison Anders, Alexandre Rockwell, Quentin Tarantino and Robert Rodriguez). In addition to Salma, the film also stars Tim Roth, Madonna, Lili Taylor, Antonio Banderas and Bruce Willis. In "The Misbehavers" Salma plays a scantily-clad dancer in the background.

And then Rodriguez cast her as the female lead in *Desperado*. For Hayek, it was a dream come true. This was it—her big break. Just months later, Rodriguez cast her as the vampire stripper Satanico Pandemonium in the movie *From Dusk Till Dawn*.

Understandably so, Hayek adores Rodriguez

and would work with him at any opportunity—
any time, anywhere. She has said, "I will be
his slave because he believed in me when no
one did." In fact, Hayek has joked about how
Rodriguez has become rather territorial of her
and tells her not to go to auditions, as he wants
her all to himself! This show of possessiveness
is only in jest, but their mutual loyalty is no
joke.

Despite the odds against her, Salma Hayek's
beauty, sex appeal, charm and talent won out.
She was on her way to stardom, making her
mark in a town that is far from hospitable to
new Latino artists. With the release of films like
Fools Rush In, *54*, *The Wild, Wild West*, and
other current and future projects (see chapter 8),
Hayek has made that crucial jump from "Mexican bombshell" to bona-fide Hollywood actress. While nothing can detract from her
captivating looks, her talent is now a bankable
commodity as well. In an April 1997 interview
with *Time,* Hayek said, "When I got to Hollywood, being Mexican was considered so uncool. If I have my way, that's going to change."
It seems that Salma knew exactly what lay
ahead for her.

4

DESPERADO and Beyond

Salma Hayek's decision to give up her comfortable life and successful television career in Mexico in order to pursue her dream of becoming a Hollywood movie star could not have yielded a better outcome—of course, her career is far from over, and the outcome anything but final. Although she is already in high demand for her alluring looks and captivating screen presence, Salma Hayek is still teetering on the brink of super stardom. Her role in *Desperado* paved the way, and now Hayek is being offered increasingly more serious, substantial roles. Nowadays, her acting talent, not just her beauty, is being acknowledged, and Salma has made a remarkable impact in the decidedly non-Hispanic world of Hollywood.

DESPERADO (1995)

Although Hayek now has dozens of other films to her credit, Robert Rodriguez's *Desperado*, released by Columbia Pictures, will certainly be her most memorable, since it truly launched her career in Hollywood. One might say Hollywood (not just Robert Rodriguez) discovered Salma in the role of Carolina. In this sleek sequel to *El Mariachi*, she dove into big-time Hollywood with seductive leading man, Antonio Banderas. A mariachi-turned-vigilante, Banderas's character is out to avenge the murder of his lover by a local drug lord named Bucho (played by Joaquim De Almeida.) Early in the movie, a drifter (played by Steve Buscemi) enters a cantina in a small Mexican town and tells the locals there that there is a mariachi player in the area who has been killing people randomly with his guitar case full of guns and ammunition. This sets the scene for Banderas to enter the town and continue his search for his lover's murderer.

Hayek stars as the Mariachi's love interest, the sexy and beautiful bookstore owner, Carolina. When Rodriguez cast her for the role, he gave her one word of reference with respect to her character, and that was "bookstore." Why was this such an important clue? Because Carolina owns a bookstore in a town where no one reads. Although Carolina herself is a realist, her store and its contents are a portal to a vivid dream world where she can travel to her heart's content and meet people who transcend her everyday experience. As Hayek put it, "She's a dreamer, and when she sees the Mariachi walking down the street, she knows he's her destiny and is coming to save her."

When the Mariachi is wounded in the street, Carolina brings him to her bookstore, gives him painkillers, removes the bullet from his arm and operates on him by reading from a how-to medical book. In an interview with *GQ* magazine, she was asked if she likes to torture men, since, in the film, she appears to enjoy yanking the bullet out of Banderas' shoulder. Her answer: "Not a lot . . . a little bit. I think men like to be teased, and that's one kind of torture."

As for the rough action scenes, Salma chose to do all her own stunts, to the surprise of the rest of the cast and crew, who were continually calling for the stunt woman. Her favorite stunt was the one where she and Banderas jump across two buildings. "They put cables on us and it really was like flying," she told *Empire* Magazine. "I didn't want to stop. I kept saying, 'Can we do it one more time?' I had a blast . . ."

Hayek and Banderas make an irresistible pair in this movie of gunfights, love scenes, comic interludes and wild chases. Throughout this film, which has been described as a "stylish, south-of-the-border *Pulp Fiction*," Hayek exudes sensuality. The music is by Los Lobos, but Salma's guitar rendition of "Quédate aquí" is both beautiful and alluring. And their on-screen chemistry certainly adds heat to their romantic scenes. When Carolina gives the Mariachi a guitar, they play together as she slowly seduces him. Salma was very self-conscious about the actual love scene and took great pains to prepare for it. While staying in her hotel near Ciudad Acuña, Mexico (where most of *Desperado* was filmed), Salma realized that she needed to prepare for her close-up love scene with Banderas and arranged to have her legs waxed in her room. She ended up shrieking in·pain: "These three girls were supposed to be from the best manicure place in town. It turned out they never waxed a leg before. They only had waxed *mustaches*." Pain and all, Hayek did not even flinch the next day during her close-up shot with Banderas. "I *couldn't* let it interfere with my performance. That's all that matters." Professionalism in every respect is another hallmark of Salma Hayek. In *Desperado*, Hayek captured the attention of U.S. viewers and with this confirmation of her new celebrity, there was no turning back.

FAIR GAME (1995)

Worthy of mention but not the most memorable of Hayek's roles is her part in first-time feature director Andrew Sipes' film, *Fair Game*. This action movie, based on the novel by Paula Gosling and released by Warner Brothers the same year as *Desperado*, is chock-full of special effects. Supermodel Cindy Crawford plays Miami attorney Kate McQuean, who is being pursued by rough and tough KGB types out to kill. William Baldwin plays Max Kirkpatrick, the homicide cop who takes it upon himself to protect her. The ninety-one minute film, produced by Joel Silver (*Lethal Weapon, Die Hard*), is full of chase scenes and explosions. Hayek plays Baldwin's former lover, Rita. Her role as the semi-hysterical jilted girlfriend is small yet colorful and entertaining.

MIRACLE ALLEY (1995)

Hayek's commitment to Mexico and her roots is often evident in her work and the choices she makes. Just as she had broken into the Hollywood movie scene and was beginning to be recognized for her talent and looks, she decided to return to Mexico to film a movie there. She landed the starring role in Jorge Fons' *El callejón de los milagros* (Miracle Alley).

This movie is a drama about a working-class neighborhood in Mexico City. Based on the novel by Nobel Prize winner, Egyptian Naguib Mahfouz, Fons took the story and moved it from Cairo to Mexico City. Fons' version tells the story of a Mexico City neighborhood, the lives of the people who live in it, and their connection with a local pub owner, Don Ru (played by Gómez Cruz).

Ru owns a small cantina that is home to many of the local men who while away their afternoons there playing domino. Ru, who has long been married to Eusebia (played by Delia Casanova), finds himself attracted to a young clerk named Jimmy (played by Esteban Soberanes.) Ru's son Chava (Juan Manuel Bernal) is appalled by this and almost kills his father's lover. Chava tries to escape the situation by running off to the United States in search of fortune with his friend Abel (Bruno Bichir), who is deeply in love with Alma (enter: the beautiful Salma Hayek). Alma, however, turns to high-class prostitution while he is away in the States.

Hayek won international acclaim for her role as the neighborhood sweetheart–turned–prostitute. For Hayek, both the film and role were attractive to her for their vivid and realistic portrayal of one slice of Mexican society. "I want to support anyone who has the b---s to make films like this in Mexico," she said in an interview with *Time*. This movie not only won the Ariel Award for Best Movie in 1995, but fifty-two other awards internationally. Hayek herself earned four of them, for her performance as the proud neighborhood girl fighting to escape the poverty in which she lives. *El callejón de los milagros* was also Mexico's entry for Best Foreign Film in the 1995 Academy Awards. It is one of Mexico's most successful and awarded movie ever.

While committed to her new life in Hollywood, Hayek has not lost sight of who she is nor has she forgotten the people that have helped her get there. She is very loyal to her supporters and, above all, to her own people, to whom she feels that she owes a big part of her security. As she has said, "They embraced me and were with me when I was doing my first soap opera. They didn't know me, but they believed in me. Since I began at the bottom of Hollywood, that has given me a lot of strength." It is this gratitude that remains with

Hayek, and as other exciting or important film opportunities arise in Mexico, she will not hesitate to step out of the Hollywood limelight for a brief while to return home.

THE HUNCHBACK OF NOTRE DAME (1996)

In this production of *The Hunchback of Notre Dame*, produced by the cable television channel TNT, Hayek plays Esmeralda, the lively gypsy girl. The film, shot entirely on location in Hungary, gave Hayek the opportunity to broaden her experience in a non-Hispanic role, for once, not centered around her physical beauty. She considers herself fortunate to have had the opportunity to work alongside actors such as Mandy Patinkin and Richard Harris.

Salma's involvement in this film also afforded her the extra personal gift—meeting English actor Edward Atterton, her current love.

FROM DUSK TILL DAWN (1996)

Salma Hayek's first reaction to director Robert Rodriguez's offer was ''I've never danced before and you want me to wear a bikini?'' Rodriguez responded, "You have to be in every movie I make. You're my good luck charm." Hayek accepted the part of Satanico Pandemonium, the sexy vampire/stripper who has a four-minute tango with an albino python, clearly the most memorable and famous scene of the film.

This horror movie, written by Quentin Tarantino and directed by Robert Rodriguez, is about two brothers who escape to Mexico after robbing a bank in Texas. Once they cross the Mexican border, they reach a bar, which turns out to be full of vampires. In *From Dusk Till Dawn*, her fourth film directed by Rodriguez, Hayek shares the spotlight with Quentin Tarantino, George Clooney, Harvey Keitel and Juliette Lewis. While Hayek's role is small (consisting primarily of her brief tango with an eleven-and-a-half foot python), it is clearly the highlight and the most memorable scene of the entire movie.

Initially, Hayek refused to do the vampire dance scene, citing her phobia of snakes. But eventually, she came around. She spent two months trying to overcome this very reasonable fear and aversion. She tried meditation, dream work, and reading about the significance of the snake in the ancient Egyptian and South American civilizations. She even started going to a pet shop to talk to a little snake. But she had to stop because her presence was disrupting the store. Nothing worked until a Mexican-American friend of hers performed a ritual that involved her lying on the floor while he tapped at her chakra points. Initially skeptical, Hayek found herself in tears—and the next time she saw a snake, the phobia was gone. In fact, she actually found the idea of having a snake wrapped around her body interesting. In the end, the scene steals the movie.

Who can forget the moment in Hayek's dance scene when she pours whiskey down her leg and into Quentin Tarantino's mouth? The image is hard to shake. When asked on the CBS Late Late Show if it was difficult to film the strip scene with Tarantino, Hayek responded, ". . . working with Quentin Tarantino was very . . . was not difficult at all. He's a lot of fun and he's a good friend too." She also enjoyed working with heartthrob George Clooney, whom she enslaves in the film. When another interviewer asked her what she would make Clooney do if she had him as a slave for a day in real life, Hayek said jokingly, "rub my feet, to start with. Then make him go to all the places where I have a hard time getting my friends to go with me. And I'd make him cook for me and dress me." In an interview with Mr. Showbiz, she analogized two of her most fabulous leading men, Banderas and Clooney, to "explosions of light on-screen." Even between takes, she said, they were always "flirting and charming the cast and crew." And the same can be said of Hayek, who dazzled both cast and audience in this erotic and sensual performance.

Upon finishing her dance, Hayek's character suddenly changes into a vampire. This conversion was a miracle of the make-up crew, which spent hours applying different make-up techniques and facial prosthetics to convert Hayek's lovely face into the monstrous image of a vampire. When the make-up was complete, however, Hayek unexpectedly received a lesson in how callously people tend to treat people who are deformed, as the other cast members and crew studiously avoided her. Hayek found the experience truly depressing.

But Hayek might also say that it was worth the experience, for it allowed her to work with some of Hollywood's hottest leading men and directors. In particular, she admired Robert Rodriguez and Quentin Tarantino for never worrying about whether something would work or whether audiences would like it. "They have something to say and they just say it. They have no fear."

For many, Hayek's performance as the sexy vampire dancer Satanico Pandemonium is perhaps one of her *most* memorable, for obvious reasons—short-lived on screen but long-lasting in the memories of her fans.

FLED (1996)

Directed by Kevin Hooks, produced by Frank Mancuso, Jr., released by MGM, and starring Laurence Fishburne and Stephen Baldwin, this action film is about two prison inmates, Piper (Fishburne) and Dodge (Baldwin), who escape while working on a chain gang. The plot unfolds from there, as the convicts find themselves handcuffed together and trying to escape not only from the police, but from the Cuban mafia as well. The non-stop action in what the *Chicago Tribune* calls "a fast, loud, muscle-car of a movie" takes place in rural Georgia and urban Atlanta. Hayek has a small part as Cora, a caterer and the ex-wife of a cop who assists them and becomes romantically involved with Fishburne's character along the way.

As with every movie with which she is involved, Salma added something special to this thriller. "I wrote a couple of the jokes," she told writer Laura Winters. "I added comedy to the sexy action chick."

It worked. According to co-star Fishburne,

"Salma has the "comedic timing that people like Lucille Ball had." Such high praise is not unusual from Salma's co-stars.

BREAKING UP (1997)

After Salma Hayek's success in *Desperado*, she had the chance to make a lot of money in bigger, more mainstream, studio films. Instead, she chose a role in a $1 million film entitled *Breaking Up*. Hayek really liked the script, and took a role as the love interest of Russell Crowe (*Virtuosity*) in the screen adaptation of Michael Cristofer's Pulitzer Prize-winning play.

When asked by one interviewer about her leading man, Hayek responded, "Russell Crowe is one of the best actors I've ever worked with." And while clearly, films like this will not make her rich, she is "very, very proud of that work, and no one can take that away from me." She told *Eonline!*, "I can play just another beautiful girl, but where is that gonna take me? I can have the money and buy all these things, but that's not why I am an actress. I am an actress because I love what I do. I'm not crazy about how much money I get paid . . . it's not about the money." She is very proud of her role in this comedy about love and sadness which has only two characters in it, herself and Crowe. She described it as "funny and sad at the same time. Just like life."

FOOLS RUSH IN (1997)

With this Columbia Pictures movie, Salma Hayek makes a notable departure from her previous roles, which primarily emphasized her sexy, sultry nature. Without losing any of her famous sex appeal, Hayek plays a nice-girl-next-door type in this movie. She stars opposite leading man Matthew Perry (best-known for portraying Chandler Bing on the NBC hit sitcom "Friends") in this romantic comedy about a beautiful Mexican-American woman and an East Coast Yuppie type who elope after a one-night stand in Las Vegas.

Hayek's character, Isabel Fuentes, is an aspiring photographer who has a drive to have it all—family, career and a man she loves. Perry's character, Alex Whitman, is the career-minded yuppie who unexpectedly falls in love while on a business trip. The story develops around the events that occur after these two unlikely partners—who know nothing about each other—elope and their two very different worlds come together.

Hayek's choice to accept the role of Isabel Fuentes clearly elevated her career to another level. In this movie, she is the star in every respect. Her stage presence shines, and that's what made the movie such a huge success. "This movie lives or dies by Salma Hayek, because it's about a guy who gets married within twenty-four hours of meeting this woman," director Andy Tennant said in one interview.

Hayek may have known exactly what she was doing when this role was presented to her by co-producer Anna Maria Davis, three years before the film was actually produced. In fact, she was immediately captivated by the character of Isabel Fuentes. Hayek has said, "I really fell in love with this story and had faith in it even before the screenplay was written. I saw this project mature little by little, going through different phases, until I saw everything fall in the right place at the right time; three years ago, I might not have been ready to play this character. I knew that this film was my destiny in much the same way that Isabel believes in destiny's role in her life."

Davis admired Hayek's tenacity. Not only did Davis think Hayek was ideal for the story, she was very impressed that Hayek followed the project for three years from inception to production.

The character of Isabel appealed to Hayek for several reasons. Hayek realized that *Fools Rush In* went deeper than the usual romantic comedy, and wanted to take on the challenge. Unlike comedies that tend to be formulaic, Hayek told *Eonline!* this movie "raises some really heavy-duty, intense issues." Among the issues to which Hayek is referring here are those brought about by the clash of two very different cultures. Hayek was also attracted to the role because she and Isabel share some of the same values, such as the importance of family and the desire not to settle, not to compromise—the desire to have it all. She respected her character as a person. "I was attracted to Isabel's humanity. It's very rare to run into a character so human in a romantic comedy." The nice Catholic girl who has an uncharacteristic one-night stand was something Hayek knew she could portray.

And since the character was Mexican-American, Hayek paid special attention to just how she portrayed her. "The main thing I was concerned with was to capture the 'magical' quality, and I don't mean hocus-pocus, that Latin women have," she has said. "It's a warmth, a softness, a sense of humor, a femininity, all without taking away from any strength. There is a distinct spiritual quality."

She went on to say, "I believe that where we come from is as important as were we are now. For Hayek, her portrayal of Isabel Fuentes went beyond the superficial story line—it went deep into her soul.

Fools Rush In would not have worked had it not been for the vibrant and obvious chemistry between Hayek and Perry. The success of the film rested on the convincing portrayal of love. Director Andy Tennant had a brilliant idea: he hosted a dinner party, inviting only Salma and Matthew, in order to see them interact together. The next day, Tennant called co-producer Davis and reported that there was a "potent chemistry" between them, and that is evident in the movie. Their chemistry is enhanced by a mutual respect. According to Perry, as reported in one review, "Salma is a real actress and very funny, so it was fun to play out the exchanges between our characters." For her part, Hayek described Perry as a "joke machine. He knows exactly what faces he's going to make, how he's going to move the lines around to give it the right timing. He's very good."

One of the most important aspects of the film is how the cultural cross-over—and clash—between two different cultures is depicted. Because the movie deals with a Mexican-American woman eloping with an American man, two families with two very different cultural backgrounds are forced to interact. This could have been a recipe for disaster in the sense that the portrayal could have been stereotypical. But Hayek made sure that this was not the case. Ever aware that she had sacrificed everything when coming to the United States to "start over," she felt that "[i]f I'm starting all over again, then I have the opportunity to represent not just my own talents but also my entire culture to a whole new audience." And this is exactly what she set out to do.

Salma Hayek had an agenda when she accepted the role of Isabel Fuentes, and that was "to bring an integrity to the portrayal of her culture." Director Andy Tennant has said of Hayek that she "was always very good about saying, 'No, that really isn't the way it is,' or 'No, I wouldn't say that,' and it made the movie better." Tennant himself was also very aware that without the proper perspective and care, the film could be seen as stereotypical. "I was bored of seeing the classic clichéd Mexican family," he said, "And I was also bored of seeing the classic clichéd WASP family in the movies, and I tried to find a little bit of nuance wherever I could." That nuance was provided by Salma Hayek.

The clash of cultures is most evident when

Alex's parents meet Isabel's family for the first time. His parents assume that Isabel must be his cleaning lady, since she is Hispanic. Not only are these two sets of parents from opposite sides of the cultural spectrum, but each blames the other for what their children have done. In order to get this and other similar scenes right, the director listened to input from Salma and the other Latino cast members. Tomas Milian, who plays Hayek's father in the film, recalled, "That encounter between the parents of the boy, being very sophisticated and snobbish, where they encounter a completely unknown dimension—that of a big, Mexican, Catholic family with its very earthy ambiance—creates a lot of funny situations."

While it can be said that there are some stereotypes in *Fools Rush In*, both in terms of Mexicans and Anglos, Hayek and her fellow cast and crew believe that the movie is respectful of Mexican culture and religion, and she hopes that the audience will take an interest in this. In her view, because *Fools Rush In* is a comedy, a certain degree of stereotyping is acceptable, "as long as it's dignified." An example of the stereotyping that meets this criterion is the scene in which her character, wearing a toga, takes souvenir pictures at Caesar's Palace. When Perry's character asks her to go with him to New York, the director said she shouldn't because she loves Las Vegas, arguing that her family is there, and family is very important for Mexicans. Hayek, on the other hand, preferred another angle. She said that this would not have been realistic, since Mexican women also love their men, and additionally, Isabel was pregnant. Salma felt she would have come across as stupid or two-dimensional had that been her response. So, Isabel Fuentes became an ambitious photographer who loved nature and wanted to make a book about it, and she became a smart, artistic and driven character. It also helped make more believable the idea of Perry's character falling in love with her.

In the end, the participation, insight and talent of Salma Hayek, helped the movie avoid becoming a cliché and it was a success with the general public. It was dubbed the perfect "date movie," and Jeffrey Lyons, of WNBC-TV called it "one of the most endearing, delightful love stories in years."

For her part, Hayek has said that she sees *Fools Rush In* as a chance to give something back to the United States, the country that has given her so much. That something is a lesson about the family values that shaped her life, not the least of which are unity and familial support. Hayek also thinks it is important for American audiences to see how affectionate families are in her culture, physically and verbally. "We are not afraid to touch, we are not afraid to show or say how much we love a member of the family." Hayek has said that in her opinion, *Fools Rush In* succeeded in presenting a more complete, complex and realistic view of Mexican family life than is usually seen in American films.

Fools Rush In worked because Salma Hayek made it work. Director Andy Tennant has said, "She's a spitfire, and she understands character and why people do some things and don't do others, which is the subtext of the movie." She makes this unusual love story believable. With her success in *Fools Rush In*, she jumped to a new level of popularity, recognition and celebrity. It might be said that this film served as a launching pad for her mainstream acting career, which took off in more directions than the one-time soap star could have ever imagined.

54 (1998)

In the late summer of 1998, Miramax released *54*, a movie about the legendary super-trendy New York discotheque, Studio 54. In this film about the extravagence and decadence of the late seventies, Salma joined Mike Myers and Neve Campbell and Ryan Phillippe. Writer-director Mark Christopher's intent in making this film was to explore the cultural phenomenon of Studio 54 at the height of its popularity and to see how things change with hindsight. "To go through those doors, past those velvet ropes, you checked your life at the door, all your hang-ups were left behind, anything could happen," he told *The New York Times*.

The good life, however, had its downside. "The downside was that people didn't see where it was going—ultimately the cost was jail for some, and drug addiction and AIDS for others," he went on to say. The movie gives those who lived through that period the opportunity to look back, and younger people can see what it was like and how things today are so different.

Christopher's film centers around a nineteen-year-old, working-class guy from New Jersey, Shane O'Shea (Phillippe), who drives into Manhattan one night with some friends. They stand in line outside Studio 54, desperately hoping to be picked out of the crowd and allowed through that front door. Shane is the only one from his group of friends who is chosen to go in—under the condition, however, that he remove his shirt. He obliges happily, and steps into the glitzy, seductive world of the New York disco scene. Shane is noticed by one of the club's owners, Steve Rubell (Mike Myers), and quickly becomes one of his pets. Shane makes a rapid ascent from busboy to bartender to in-house star, and he is soon living life in the fast lane. Neve Campbell plays the role of a famous soap opera star, Julie Black, who is also Shane's love interest.

Salma Hayek plays the role of Anita, a flamboyant, ambitious coat-check girl who is married to a busboy named Greg, played by Breckin Meyer. Her real goal, however, is to be a singer, and she views her job at Studio 54 as an opportunity for her to be recognized. The movie follows the lives of Hayek's character as it intertwines with that of Shane and Rubell. *54*, in portraying the extravagant excesses of the late seventies, is the portrait of an era of total freedom, recklessness and indifference toward any consequences.

Hayek's input in her character's portrayal was important to capturing the right spirit. Christopher has credited Hayek with the idea ''that Anita should be constantly changing her look to get the attention of the record producers who might check their coats. She captures the youth of this character—a young woman who really wants something and doesn't know what its implications are.''

While the reviews for *54* were not outstanding, the film is entertaining for anyone who wants to revisit—or visit for the first time—an era in which excess, decadence and everything flashy reigned supreme. Salma Hayek does not disappoint as the Latina coat-check girl. Her exotic beauty and sex appeal shine through once again, to the delight of her fans.

The premiere of *54* took place at Mann's Chinese Theater in Hollywood. Salma joined co-stars Mike Myers and Ryan Phillippe at the party that followed at Raleigh Studio's soundstage 5, which was transformed for the night into a replica of the once wild and famous night club. The waiters wore tennis shoes and white satin shorts, and Thelma Houston sang favorite disco songs for the partygoers.

5

Salma on Beauty

Even though she prefers to be acknowledged and recognized for her film work and her talents as an actress, it cannot be denied that Salma Hayek's beauty contributed largely to her early success, as well as to one of her latest success as Revlon's newest spokesmodel. With her stunning good looks and head-swiveling figure, it's not surprising that Hayek would be in high demand for certain roles. While she may know how gorgeous she is (or at least how gorgeous others find her) she is not entirely at ease with this image of herself. As she said to *InStyle* magazine, "I look at myself in the mirror and I see a familiar friendly girl. I don't say, 'Oh, whatta chick!' " In fact, there have even been days when she has disliked what she has seen enough to "scream like the boy in *Home Alone*." But usually she just sees a familiar image looking back at her.

Hayek actually doesn't worry very much about what her face looks like. Even when she goes out in public, she usually wears no makeup and very comfortable clothes. She finds that this shocks many fans. "I always wonder if they are staring in disbelief because they cannot believe it is me," she has said. But with or without makeup, her beauty shines across whatever room she enters.

It may be hard to believe that Salma Hayek does not believe in the concept of a perfect body. Also hard to believe is that she does not even like the body she has. But she does not obsess in order to "fix" aspects of her body she thinks might need some help, whatever they may be. To *Eonline!*, Hayek explained, "I'm against living your life around the concept of having a perfect body. I just think it's a sad thing to be all the time in the gym. Unless you love it—but I don't, so why should I put myself through the torture and the torment of doing it?"

Hayek hates the L.A. obsession with working out. She prefers to choose other ways to exercise her body and stay in shape—activities that give her more enjoyment than going into a crowded gym. "The concept of going into a room full of people who are sweating and in-haling their sweat while I'm painfully driving myself into exhaustion . . . I don't understand it, she told *Los Angeles* magazine. "I walk on the beach or ride a bicycle or jump around my house, but I will not participate in that collective hysteria." Furthermore, she finds the whole "gym culture" time-consuming and boring. So while she feels she could improve certain areas of her body, she refuses to submit to this kind of punishment. As she told *Eonline!*, "I don't think I'm eternally beautiful, but I'm happy with who I am. I'm not gonna be obsessed about the way I look." This is certainly an example many people could learn from, and a very healthy and balanced approach to staying fit physically and mentally.

However, Salma does have to watch what she eats in order to stay in shape, especially given her five-foot-two frame. She seems to be incredibly lucky in that she eats what she wants and does not count calories. But she does try to eat less of everything and to prepare her food with limited amounts of fat. She is human, after all, and she has put on an extra pound or two at times, as we all do. She knows it's time for drastic dieting measures if she weighs in at 110. "If that happens," she has said "run away from me. I'll be very cranky. If I'm two or three pounds up, I stop eating dinner for a couple of days."

SALMA HAYEK

Salma Hayek's stunning, sexy looks have landed a place in the ranks of celebrity spokespersons for Revlon. Along with Melanie Griffith, Cindy Crawford, Halle Berry, Daisy Fuentes, Claudia Schiffer and others, Hayek promotes Revlon's new quick-drying nail polish, Top Speed. The campaign runs on five continents. Details of the contract were not made public, but sources revealed that Hayek will be receiving a six-figure salary for every year she works with Revlon. In her new role, Hayek told *USA Today*, "Their products are for all women, Latina, African-American, and everyone in between."

Michelle Zubizarreta, Vice President of Zubi Advertising, explained to *Cristina* magazine the significance of Salma's role in advertising. "Just as Salma Hayek crossed over to North American film, she could do it in TV commercials for Revlon, promoting their nail polish."

Other Latino stars have made similar moves: Jimmy Smits and Daisy Fuentes in their milk mustaches; Jennifer Lopez for Coca-Cola and L'Oréal; Ricky Martin and Argentine supermodel Valeria Mazza for Pepsi.

Salma's role at Revlon will be more than merely promoting cosmetics, however. Revlon is involved with various women's causes as well, such as the fight against breast and ovarian cancer. Revlon's Run/Walk for Women is a great example of the hard work they do for women's causes and the publicity they bring to these very important issues. These aspects of her new role are important to Salma, who has said that she feels proud to be able to contribute to these worthy efforts. "This is a great opportunity to be involved in such an inspiring and fulfilling project, the search for a cure. Revlon is committed to various women's issues, and the Run/Walk is a great way for me to come out and help raise awareness." So fans can now keep an eye out for Salma not only on the big screen, but in print and television ads too, not to mention the many Revlon events she will undoubtedly participate in.

6

Salma on Fashion

Dressing well "is a way of showing the public my appreciation and respect," Salma said in her "Fashion Diary," which appeared in *People* magazine. "It's like when you go on a date with a guy you're madly in love with. You make an effort."

Her sense of style has not gone unnoticed by critics and designers. She makes a grand entrance at every event she attends, and all of the top designers are after her to wear their creations. Whether making an entrance at the premiere of one of her own films or presenting an award, Hayek sparkles and radiates class, spirit, originality and beauty—no matter what she is wearing. She has an eye for what works and chooses carefully so that the gown or outfit selected is appropriate for a particular occasion. In fact, her fashion flair has made such a splash that the feared and revered fashion czar Mr.

Blackwell included Salma on his list of top 10 most stylish women last year. She was in the very stylish company of Anne Heche, Roma Downey, Jada Pinkett, Courtney Love, Demi Moore, Viscountess Serena Linley, Nicole Kidman, Toni Braxton, and "Good Morning America"'s Lisa McRee. Mr. Blackwell pronounced these women as the ten "fabulous fashion independents" of 1998.

It is not easy to find the perfect dress given Salma's size 5, five-foot-two body, because she is small in some areas and not-so-small in others. But she selects carefully in order to show off her best assets. She divides her dresses into two categories: "revealing and non-revealing," Hayek, laughing, related to *People en Español*. Making a fashion statement is also important for Hayek because she wants to dispel the common myth "that all Mexicans have a sombrero and a donkey. I love to show that we too have a good sense of style."

Salma Hayek's fashion flair runs the gamut from elegant and sophisticated to sexy and playful, all depending on occasion and mood. While selecting her outfits is admittedly difficult, the hard work does not end there. Hayek can recall every incident relating to almost every dress she has worn—whether it was a near-disaster, a last minute–alteration problem or some other kind of eleventh hour snafu.

One of her many dresses to have made a lasting impression in the fashion world and with the public was the one she wore to Elizabeth Taylor's sixty-fifth birthday party, an AIDS benefit. She wore a strapless orange Danny Weiss gown with a white faux wrap and a train. Because the dress was so big on her, the designer, Danny Weiss, had to sew it onto her. Dozens and dozens of people stepped on the train. When she got home she had to get her brother Sami to help cut it off her.

Also falling into the elegant and glamorous "revealing" category was the dress she wore to the premiere of *Fools Rush In*. Hayek wanted to wear white since she believes white brings good luck. She chose a white Giorgio Armani dress, again with a white faux wrap made by her stylist. But white proved not to be so lucky, at least not this particular night. On her way to the bathroom, she bumped into her co-star Jon Tenney. As she lifted her arms to embrace him, one of her straps broke. Luckily, Stephen Baldwin, who's a very good friend, happened to show up at that moment. Hayek ran over to him in a panic, telling him what had happened. Not knowing what to do, and not wanting to make a fuss, Hayek just sat down where she was. But fifteen minutes later, Stephen came back with a safety pin. She never knew where he got it, but she wore it for the rest of the night.

On Salma Hayek's first night as a presenter, which was at the 1996 Cable ACE Awards, she also remembers having last-minute problems with her beautiful gown. Several weeks before she had chosen a "revealing" pink Richard Tyler gown. She also wore a Mexican mantilla because she wanted to add a traditional element to her outfit. But when she put on the dress on the day of the show, it wouldn't stay up. Since she'd been traveling and not eating much, she had lost a few pounds. And since Salma is so small, "a few pounds makes a big difference." So what did she do? She put double-sided tape around the shoulder area. After the event she gave the dress back to the showroom. "It was huge . . . Where else could I wear this? To the supermarket?"

Some of Salma Hayek's other fashion choices reflect her playful, flirty nature, such as the skirt and top that she wore to the premiere of *Batman and Robin*. According to the "diary," she bought this outfit on a whim at Libbie Lane's shop. What she loved was the skirt, but it was too big, so she pulled it down around her hips. She twisted the top, which was really a sash, a type of halter top. Her spontaneous purchase caused her problems later on, however. "The skirt kept sneaking up, so I had to keep pulling it down. And the photographers kept asking me to hold my hair up, and I was worried the sash would move.''

Another fashion choice Salma made to ''suit the occasion'' was the Armani jumpsuit she wore to the Independent Spirit Awards. Since Salma did not want to wear anything too flashy or sexy, she selected the jumpsuit to show more spirit than flesh. The original outfit had a plunging neck-line, but Salma had it sewn closed in keeping with her idea of showing ''more spirit and less body.'' She still managed to achieve a sexy, elegant look in this fun, shimmery jumpsuit.

One last fashion choice worthy of mention was Salma Hayek's dress for the 1997 MTV Movie Awards. Again she surprised her fans and the public, appearing in a very glamorous red vintage gown with a long train. The dress was another Libbie Lane creation, like the spontaneous outfit she wore to the premiere of *Batman and Robin*. This was a brave statement for Salma, who knew that most people wear jeans to awards shows of this type. But she wanted to open young people's eyes to a different kind of image. ''I wanted the younger fans to see something besides leather miniskirts, smoky eyes and the heroin look.''

Salma Hayek has a very definite idea of what she likes and when she likes it. She knows when to be sexy, when to be sophisticated, when to be flirty and when to be fun and playful. She uses her clothes to work the public, to play with the audience, tease them, and please them. She invests time in what she wears and how she wears it, since she sees this as part of her role as a Hollywood movie star. But with the simple yet elegant touch of a Mexican mantilla, this Hollywood diva never lets us forget who she is.

"I've made a conscious choice to put a lot of effort into it," she told *Elle*. "Not only because it's creative for me, but also to break a little bit the stereotype of Mexicans being tacky people, lazy people, with no taste and no style. It's not who we really are. It's important for me to show that we don't wear *huaraches* and sombreros all day long."

With her style—refined and bold at once—and with her final, feminine touches made with jewelry, accessories and details, Salma can be credited with bringing glamour back to Hollywood.

7

Salma on Love

It comes as no surprise that Salma Hayek rates high on many lists, including the poll conducted by *Men's Fitness* magazine of the Ten Most Lusted After Women. For this honor she joined the beautiful company of Pamela Anderson Lee, Demi Moore, Jenny McCarthy, Carmen Electra, Cindy Crawford, Tyra Banks, Sandra Bullock, Jennifer Aniston and Shania Twain. With her bombshell looks and flirtatious manner, one would assume that she always has gotten whatever she wanted, whenever she wanted it. But Salma is quick to point out that this is simply not the case. In fact, Salma Hayek has not always been "lucky in love."

In an interview with *Axcess* magazine in 1996 she candidly revealed, "My instincts are a little off when it comes to love. I've gotten my heart broken a couple of times, so I'm a little leery of love. Either I pick guys that are wrong for me, or the right guy at the wrong time. Maybe I'm cursed!''

Hayek has actually been engaged four times. The longest she has dated someone before getting engaged is a year and a half. In some cases, she has been asked to get married after one week of dating. But she knows full well that such proposals are not genuine—at least, not without a ring. She accepted four times because she felt each time that it was the right idea. But she would later realize that it was not the right thing for her. She attributes part of this to her age, as she was eighteen when she first got engaged.

But multiple marriage proposals cannot erase the fact that this exotic beauty has had her heart broken several times. When asked on the *Late Late Show with Tom Snyder* if she had ever set her sights on something either in love or her career and not gotten it, she responds, ''Yes, I have. In love.''

Salma also realizes, however, that these relationships faced formidable hurdles: they had to survive her busy schedule and her ambition, two factors that do not favor a budding romance. In one week, she might have to spend one day in one city, the next day hundreds of miles away, two days in yet a third city, and the next few days on the East Coast; then she might have to come back to Los Angeles for one day and then fly to Mexico. As Hayek has said, no studio is going to pay for a boyfriend to accompany her on such travels and no boyfriend could afford to follow her around like that, at least, not for very long. And to top it off, "when all this is done, I say 'Darling, I'm so sorry. I have to go do three months on a movie with Antonio Banderas. Then I'll be right back.' You tell me who puts up with that, and I'll go call him right now."

What does Salma Hayek look for in a man? Talent. "I think it's the sexiest thing in the world." She also likes her man to be fun, adventurous and funny. "But I don't like the really funny ones. You always have to laugh at the jokes. It makes me nervous."

She also looks for a very basic quality in whomever she dates—she wants a nice man who will respect her. She told *InStyle* magazine, "I like men who are nice. That doesn't sound like a sexy quality, but after you've been hurt a lot, it becomes important. I like men who are respectful of women, and men who aren't afraid of making fools of themselves." Looks do not really matter to her—she admits to having dated "some ugly ones"—but also says that it doesn't hurt for a guy to be cute either. To earn her trust, though, men "have to show at all times that they care."

Salma's view on relationships in the nineties is that people want to analyze and control absolutely everything the other person does. To Salma, this is an awful situation: "You want to be so healthy that you're not." She believes that people should stop analyzing all the time, and that this would lead to better relationships and healthier lives. For Salma, the most important thing in a relationship is accepting the person the way he is, not trying to change or mold him, not being angry that he isn't something else. "I just let people affect me for who they are instead of looking for things."

For all her short-lived engagements, broken hearts and missed chances, Salma Hayek seems to have finally found "the right man" for her. She met her current boyfriend, Edward Atterton, on the set of *The Hunchback of Notre Dame* in 1996. Until that time, Salma had not been involved in a serious relationship for four years. Now, however, she feels that the time is right for her. "I've had horrible experiences with men. I feel like I've paid my dues," she told *InStyle* magazine. She was proud when she passed the nine-month mark in January 1998 with Edward, who moved to Los Angeles to allow for more time together as they both continue to juggle their respective careers.

Having practically given up on the idea of

marriage after a string of unsuccessful relationships, Salma seems to be reconsidering. Extremely important is trust, and that seems to make her relationship work with Edward. As she told *Elle* magazine, "I trust him and we are a wonderful combination of hysterias." After having stated two years ago that she would only get married "when I find a man who has more *cojones* than I do", she recently told Mr. Showbiz, "Edward probably is the guy. He has more *cojones*." She even admitted that they have talked about marriage and added, "but we'll see what happens."

"I'm in no hurry to get married," she told the magazine *Cristina* more recently, in response to the constant rumors that she and Edward are secretly married or plan to be. "Some women get married to show the world that a man has promised to love her her whole life. Others do it to satisfy a social need. I know that [Edward] loves me more than anyone before, and I have nothing to prove to people. I'll think about marriage only when I'm about to have my three kids."

So when she finally does get married, her children shouldn't be far behind.

8

Future Projects

Initially regarded only as a sex goddess and recognized for her short (but memorable) appearances in her early films, Salma Hayek is making the jump to genuine Hollywood stardom not just for her sultry sex appeal and acting talent, but also for her sharp negotiating skills and her winning ways with people. Salma Hayek's future is shining brighter than ever, with starring roles in at least five upcoming films. The drive and dedication behind those big, dark eyes and flirty nature have landed her smack in the middle of the Hollywood spotlight.

Vincent D'Onofrio, her co-star in *The Velocity of Gary*, told *Elle* magazine, "It's been hard for her to get the opportunity to play full characters, but I don't think it's going to be that hard for her anymore." She is regarded as a serious, smart and sexy actress, and she is now one of the most sought-after actresses in Hollywood.

Fortunately for her fans, there will be plenty of Salma Hayek to see this year and in the years to come.

The result of Salma Hayek's busy work schedule will soon be in theaters for all to see. She has finished work on the romantic comedy *The Velocity of Gary*, a love story directed by Dan Ireland. She co-stars in this film along with Vincent D'Onofrio and Thomas Jane. Salma plays Mary Carmen, a waitress who is in love with a former porn star who, in turn, is in love with another man. According to D'Onofrio, Salma was challenged by her role in this love triangle, but in the end she seemed to blow everyone away. ''I think Salma found the character very difficult at first, but I've never seen her perform like this before.''

Hayek was very much involved in this film even before shooting began. In order to help Ireland get the remaining funding he needed to begin production, Salma made a phone call and it was as good as done. ''Without Salma, I would not have had the film. She could have been a studio executive if she hadn't been an actress,'' Ireland told *Elle*. Her input in this film, then, went beyond her participation as an actress, since she is at least partly responsible for the financing of the movie. Rightly so, Salma has received a co-producer credit on *The Velo-*

city of Gary, exhibiting another of Salma's distinguishing traits: surpassing expectations.

Salma can also be seen early next year in the latest film *Dogma* directed by Kevin Smith (*Clerks*, *Chasing Amy*), a supernatural comedy. In this project, Salma joins a star-studded cast, which includes Ben Affleck and Matt Damon (the dynamic duo of *Good Will Hunting*), Linda Fiorentino, Alanis Morissette and Chris Rock. *Dogma* is a five million dollar film about two homicidal angels (Affleck and Damon) who are expelled from heaven. It is a religious satire that, according to Affleck, is "definitely meant to push buttons." Affleck unabashedly told Mr. Showbiz, "There are clearly things about it that will be incendiary." The movie is sure to create a lot of conversation, both for its content and for its high-profile cast, including Salma, who plays the role of Serendipity. Affleck feels that despite—or perhaps because of—the controversy the movie might generate, it is sure to be a hit. "It's one of the most original, funny, smart, interesting movies I've ever done," he said. "I have very, very high hopes. I think it has a kind of *Pulp Fiction* break-out potential."

Salma also landed the female starring role in Warner Brothers' *The Wild Wild West*, modeled somewhat after the 1960's television series of the same name. In this film, directed by Barry

SALMA HAYEK

Sonnenfeld (*Men in Black*), Salma stars along with some other very hot Hollywood stars: Will Smith, Kevin Kline and Kenneth Branagh. The cast alone guarantees excitement. Once again, Salma finds herself involved in a love triangle, only this time her character, named Rita Escobar, is caught between two government agents, James T. West, (Smith) and Artemus Gordon (Kline), an expert disguise artist. Kenneth Branagh plays the bad guy.

Hayek had a great time on the set of *The Wild Wild West*, which was partly shot in Cook Ranch, a small town twenty miles south of Santa Fe, New Mexico. Salma found Will Smith delightful and fun to work with. Smith's fun-loving nature was apparently infectious, and he kept everyone on the set upbeat and energized. Salma told Mr. Showbiz that every day, Smith had the whole cast singing. "I've never seen so much energy," she said. We can look for Salma in *The Wild Wild West* on July 4th weekend, 1999.

While excited about her success and participation in these films, Salma Hayek is most passionate about her upcoming project, *Frida*, in which she has landed the starring role as the Mexican artist and cult figure, Frida Kahlo. Hayek wanted to play Frida desperately, since she felt that as a Mexican actress she would be the best choice for the role. Salma told *InStyle* magazine, "I auditioned a year and a half or two years ago. Then it fell through and the director took it somewhere else. When I first auditioned, they said they didn't want to do it with a non-Mexican, but they didn't think any Mexican had a big enough name to do it." So Hayek was not cast initially. Madonna and Laura San Giacomo were rumored to be up for the role. But eventually the director came back to Salma and offered her the role. The savvy Miss Hayek responded, "If you want me to do it now, I want to produce it." Never missing an opportunity, Salma gambled and came out on top, getting the starring role and the role of coproducer as well.

Meanwhile, rumors started flying about just how far acclaimed actor Edward James Olmos would go to play the role of Diego Rivera, Kahlo's husband, the celebrated Mexican muralist. Olmos gained weight to play Abraham Quintanilla, Jr. in *Selena*, but to match Diego Rivera's actual weight, he would have to gain 120 pounds. "If I do it, I will go to a reasonable weight," he has said, declining to go all the way up to Rivera's actual weight.

This picture, which is produced by Trimark Pictures, is based on Hayden Herrera's book, *Frida: A Biography of Frida Kahlo*. It started shooting in New York, Paris and Mexico in February of 1999. Salma believes it will be good for her country, because "Frida represents a time in Mexico when art and politics were merged together and people were not afraid to express themselves. This story can be incredibly inspiring." Salma Hayek's dedication to *Frida* is so unwavering that she has agreed to donate all the money she earns from the film to set up scholarships for young artists in Mexico. According to *Entertainment Weekly* magazine, Hayek is forming a foundation that will carry Kahlo's name to promote young artists in her country.

Salma's range and expertise seem to grow with every film she makes, and the sex goddess turned Hollywood actress is now turning to the production end of the business. Not satisfied with merely acting and accepting direction from others, Hayek wants to produce and have an active role selecting movies to be made. She has formed her own production company called Ventanarosa. Her warm personality and her skillful way of interacting with people and handling situations makes her a natural for this end of the movie industry. "I am very patient and demanding," she has said, "because I demand the same of myself." She seeks to inspire respect rather than fear, which proves that she is a true talent and inspiration both on and off the screen.

With her movie career in full swing and her new production company, Salma would be justified in thinking that she has "made it." Without denying that she has become a sought-after commodity in Hollywood and has achieved success in her field, Salma still does not feel that all her goals have been met. Salma defines success as being content with what one has at any given moment. Yesterday doesn't matter and tomorrow hasn't come yet. When someone asked her how she measures success, Salma replied, "At least twenty years of constant work. And even then, it's not about one movie. It's not about two movies. Whoever thinks they've made it, no matter how big they are, if it's before the age of sixty they're wrong. . . . Even if you get an Oscar, what happens if you don't work again? Are you going to be kissing the Oscar in your free time? I think you're successful when you're seventy and you look back at an honest life you can feel proud of, that you left the world stamped with children, grandchildren and many wonderful movies to watch." With Salma's career surging and her ambition stronger than ever, it's a safe bet to say that she probably won't let her fans or herself down.

9

Salma—A Symbol of Mexican Identity

After all her struggles to succeed and the obstacles that she has had to overcome, Salma Hayek—this girl from Coatzacoalcos—has reached the top, and this is largely due to the constant support that she has received from both her family and the Mexican people, who believed in her back when she was starting out. She is extremely proud of her Mexican heritage and sees herself as a symbol of Mexican identity. To be called a minority is especially repugnant to her, nor does she care for the labels "Latina" or "Hispanic." These terms simply mean nothing to her. As far as she is concerned, "I am the same now as I was when I came to this country—a Mexican actress."

Salma takes great care to represent her country in the best way possible. She hopes to debunk some of the stereotypes about Mexicans that exist in the United States so that her people can be seen for who they and so that Mexicans will have more opportunities in the film industry. While it has not always been easy for Salma, she has broken through some of these barriers and, as a role model and symbol of all that is Mexican, she is paving the way for generations to come.

Despite leaving her country in order to pursue her dreams, Salma has remained intensely loyal and close to Mexico, on both an emotional and a professional level. She lives with her brother Sami, who is a successful environmental designer. She talks to her mother and father almost every day on the telephone more about what's happening in her romance than about the latest Hollywood scoop, in which her parents have no interest. Her parents also visit her in Los Angeles quite often.

Salma feels very close to the Mexican people who supported her in the years before she became an international star. Even though the major opportunities in film are in the United States, Hayek is still committed to making films in Mexico. Since she has been in Hollywood, she has returned to Mexico to shoot the films *El Callejón de los milagros*, *El coronel no tiene quien le escriba*, and the *telenovela* "El vuelo del águila," and she will continue to shoot more movies there if good parts become available. As a symbol of a generation, Salma Hayek believes in who she is and where she comes from, and will continue to give back to the Mexican people whenever and however possible.

The only thing that Salma Hayek would change right now in her life is the attitude that pervades the film industry in Hollywood with respect to Mexicans. She is quick to point out that while she has achieved some success, the best roles still go to non-Hispanic actors. When the film *The House of the Spirits* was being cast, she was unable to get an audition. She told *InStyle* magazine that executives are reluctant to cast her as a smart woman. In one recent audition, one executive asked her "how audiences can believe that someone from Mexico could be the editor of this fashion magazine." Her response was, "If I didn't want to be an actress and wanted to be an editor, I'd be the editor of *Vogue* by now."

Salma was well aware initially that she was only offered stereotyped roles because she is foreign, and specifically Mexican. She told *Elle* magazine, "I'm Mexican, and the Mexicans are probably the least welcome people in this country. On top of that, I'm a woman. And then, on top of it all, someone handed me the sex-symbol situation. I wasn't a sex-symbol in Mexico."

Salma has broken through these stereotypes,

thanks to her persistence and refusal to accept "no" for an answer. She is now being offered starring roles that prove she has transcended the barrier. Salma remains adamant in her quest to be recognized as an "actress" rather than a "Hispanic actress," with all of the negative images that label carries with it in Hollywood. Salma says that she is now fortunate in being able to turn down roles that do not advance her career in a positive way. She also told the Mexican newspaper *El Universal*, "Nor would I accept a role where I have to portray a Latina woman who is exploited or minimized."

There have been efforts by Hollywood to tap into the growing Hispanic market by finding, molding and promoting new Latino stars. According to the Motion Picture Association of America, Latinos accounted for fifteen percent of U.S. box-office receipts in 1997—an increase of twenty-two percent from 1996. Still, these cultivated stars do not seem to have worked out very well, primarily, Salma believes, because the decision-makers in the film industry have chosen actors born in the United States, instead of Mexico or other Latin American countries. Because their Spanish is often limited, they do not come across as Latinos. By contrast, Salma is the real thing, and she has had the support of her Latin audiences for over a decade, especially in her home country. As she has pointed out, "The American films I'm in are always number one when they come to Mexico." Hayek believes that the Hollywood studios are "right at the crossing point where they will learn how to capture the Hispanic audiences."

Salma Hayek will continue to represent Mexico proudly and to fight against the stereotypes that have held back so many fine Latino actors. She has made some progress, and is continuing to create new opportunities for many other talented actors. The Latino barrier may not be as solid as it once was, but there is still much work to be done, and Salma will continue to work towards this end. In her interview with *Elle*, Hayek remembered a funny anecdote that illustrates the attitude that pervades the film industry. A movie executive at a party expressed surprise at how far she had come since *Desperado*, and asked her how she had managed to break the Latin barrier." Salma's response was short and to the point. "Well, actually it wasn't hard. You see, I'm not the one breaking the Latin barrier, *you're* the one breaking the Latin barrier. You're the one who put it up, and you're the one who's tearing it down now. All I have to do is be who I am."

In addition to fighting the stereotypes against Mexicans and Latinos in general that exist in

Hollywood, Salma is also fighting her country's establishment, in her role as an unofficial standard-bearer of the NAFTA generation. The NAFTA generation is a large and independent-minded youth wave that emerged in Mexico at the time of the North American Free Trade Agreement. The NAFTA generation has as much influence on Mexican politics, the Mexican economy and its culture as the so-called baby-boomers have in the United States. The movement speaks out in favor of opening up the Mexican economy, and they hold the government responsible for the growing disparity between the rich and the poor. Salma Hayek has been one of the most outspoken members of this generation, and though she does not like politics, she has not hesitated to speak out against her government. The P.R.I. (the political party long in power in Mexico) controls virtually everything, including Televisa, the broadcasting company under which Salma worked as a soap opera star. Salma chose to leave Televisa and emigrate to the United States in order to pursue her career, and other actors in Mexico have gone to work for competing broadcasters as a demonstration of protest.

Salma told *Time*, ''I'm proud to be Mexican, but we've been lied to a bit often. This system can sell people, especially women, a lot of dreams they never get." Salma has been a model for others in her generation, especially other young women. One young woman told *Time* that she had turned down a "cushy P.R.I patronage job" in favor of a job as a reporter for an independent radio station. Looking at Salma, this woman sees choices her mother never saw. "I can do something with my life in Mexico beyond the P.R.I. or Televisa or all the other stodgy things."

Salma knows that she is viewed as a representative of the NAFTA generation, although she feels more a part of the team than its leader. But her goals are clear and they are serving as an inspiration to other young Mexicans to look outside the establishment for opportunities. "We shouldn't be bitter toward Mexico," Hayek told *Time*, "our generation should be about having the choices our parents didn't have, whether it's politics or movies."

What is clear is that Salma Hayek is rising to the top and making a real contribution along the way, breaking down stereotypes and negative images of Latino actors. She is a true success story and a role model for all young woman, Latina or not. Her perseverance and refusal to be held down when faced with all sorts of adversities—as a woman, as a Mexican, as a non-native speaker of English, as a sex-symbol—

have helped her reach stardom and become the most sought-after Latina actress in Hollywood. Initially, she may have caught the attention of the public for her exotic, knock-out looks, but she has transcended that image and become what she is now regarded as today—an actress with great emotional versatility and intelligence; a smart, purposeful and strategic manager of her affairs; and a responsible member of every community to which she belongs.

Salma credits the success she has had both professionally and personally not to luck or timing, but to an inner strength. In an interview with *Axcess* magazine she revealed her secret. "It's got a lot to do with listening, to yourself and to who you are instead of just what you want. That applies to both love and career, because sometimes people want something for the wrong reasons. Out of ego, out of competition, out of revenge. That's not who you really are. You've got to know how to trust yourself." With Salma Hayek's incredible rise to stardom as an example of reaching one's goals, we all should probably start listening to ourselves just a little bit more.

10

Trivia Tidbits

1. Salma's favorite Mexican dish is *chiles en hogada*—similar to *chiles rellenos* only without the cheese.

2. Salma enjoys smoking cigars.

3. Family is the most important thing in Salma's life.

4. Salma's favorite American meal is Thanksgiving dinner.

5. Salma says that she talks to God, but she does not negotiate with Him. One of her favorite sayings is "God knows why He does things."

6. Salma would love to work with Daniel Day-Lewis, Sean Penn and Johnny Depp, among others.

7. Marlon Brando is, in Salma's eyes, the sexiest man alive.

8. The leading man with whom she co-starred to whom she was most attracted was George Clooney.

9. Salma's favorite part of a man's body is the hipbone.

10. Salma's house in the Hollywood Hills has views of the peaks and the ocean from every room. She fixed it up herself and considered the project a way of disconnecting from the Hollywood scene.

11. Salma won an MTV Movie Award nomination for Best Kiss along with Antonio Banderas.

12. Ermáhn Ospina, who has done Salma's make-up for years, says that her face is not easy: ''not because it is ugly, but because since it is perfect, it is easy to destroy.''

13. Salma turned down the title role of the movie *Selena*, because the young singer's death was so recent and Salma did not feel she could "substitute for her." (Jennifer Lopez, the Puerto Rican actress, told the magazine *Movieline* that Salma had not been offered the part by director Gregory Nava, touching off what some perceived as a rivalry between the two stars. Lopez allegedly also said that she did not like *Fools Rush In*. The media wanted a cat fight, but Salma has said she was not offended by Jennifer's words.)

14. Salma likes scuba diving, watching movies, and shopping.

15. Salma would like to perform theater some day, either on- or off-Broadway.

16. Salma loves animals, especially her two squirrel monkeys, Mariachi and Carolina.

17. What Salma misses most about Mexico is her family, the food, and the sense of friendship and unity.

18. Salma's favorite eating scene in a movie is from *Willie Wonka and the Chocolate*

Factory when the poor kid gets a chocolate bar for his birthday and shares it with his mother and grandparents.

19. Salma prefers to see dramas, foreign films, or comedies when she goes to the movies.

20. Salma did not start acting until she was eighteen years old.

21. Salma is a huge fan of Robert De Niro.

22. Salma met President Clinton at a dinner in Washington. ''Had I been in his place, I don't know if I would have lied,'' she said. ''I think those problems are between him and his wife.''

23. Among the many great actresses with whom Salma would like to work are: Emma Thompson, Susan Sarandon, Angela Bassett, Patricia Arquette, Winona Ryder and Meryl Streep.

24. Salma has never done drugs, does not smoke cigarettes and only very rarely drinks.

25. Salma appeared on the first day of María Conchita Alonso's new variety show on the Spanish language TV station Telemundo, "Al día con María Conchita". Salma gave her a quartz glass for good luck.

26. Salma gets over any homesickness she feels for her country (which is most acute when she cooks Mexican food) by speaking daily with her loved ones.

27. Salma accessorized with temporary tattoos of butterflies at the Fifteenth Annual MTV Video Music Awards, hosted by Ben Stiller.

28. You can write to Salma at the following addresses:

    I. Publicist: Salma Hayek
                    c/o Baker, Wynokur &
                    Ryder
                    405 South Beverly Drive
                    Fifth Floor
                    Beverly Hills, CA 90212

II. Agent: Salma Hayek
             c/o William Morris Agency
             1325 Avenue of the Americas
             New York, NY 10019-4701

11

Timeline

1968

Salma Hayek is born in Coatzacoalcos, Veracruz, Mexico, on September 2.

1981

Salma attends Catholic boarding school in
Louisiana at the age of thirteen.

1984

Salma, sixteen, spends four months in Houston, Texas living with an aunt.

Salma returns to Mexico City to begin studying International Relations and Drama at the
Universidad Iberoamericana.

1989

Salma is discovered by a prime time soap opera producer for Televisa Studios.

Salma appears in her first soap opera, "Nuevo Amanecer."

1989/1990

Salma lands the lead role of Teresa in the soap opera, "Teresa," and becomes an overnight success in Mexico.

1991

At twenty-two years old, Salma Hayek picks up and moves to Los Angeles, determined to become a Hollywood movie star.

1992

Salma lands a small role in the HBO comedy series "Dream On."

1993

Salma lands the supporting role of Gata in director Allison Anders' *Mi vida loca.*

Salma is a guest star on the NBC series "Nurses."

Salma lands a regular role on the Fox sitcom "The Sinbad Show." She plays Gloria, Sinbad's neighbor.

1994

Salma earns a small part in *Roadracers*, a TV movie directed by Robert Rodriguez.

1995

Salma has a small role as a dancer in Robert Rodriguez's *Four Rooms.*

Salma plays Carolina in Robert Rodriguez's *Desperado*, her breakthrough role.

Salma returns to Mexico to film *El callejón de los milagros,* a movie which won the Ariel Award (the Mexican equivalent of an Oscar).

Salma dances with a python as the character Satanico Pandemonium in Robert Rodriguez's *From Dusk Till Dawn*.

Salma plays Cora in Kevin Hooks' *Fled*.

Salma plays Esmeralda in *The Hunchback of Notre Dame*.

Salma meets her current love, Edward Atterton, while filming *The Hunchback of Notre Dame.*

November 16 – Salma is a presenter at the Cable ACE Awards in Los Angeles.

Salma is chosen as one of *People* magazine's "50 Most Beautiful People" of the year.

1997

Salma stars with Russell Crowe in *Breaking Up*.

February 14 – *Fools Rush In*, starring Salma and Matthew Perry, is released.

September – Salma becomes a spokesperson for Revlon.

1998

January – Salma makes Mr. Blackwell's list of the Top 10 Stylish Women.

February – Salma is voted one of the 10 Most Lusted After Women in a survey for *Men's Fitness*.

August – Miramax releases *54* which features Salma as Anita, a coat-check girl and aspiring singer.

Salma takes part in a love triangle in *The Velocity of Gary* (not yet released).

October – Salma finishes filming *El Coronel no tiene quien le escriba*, the movie based on Gabriel Garcia Marquez's novel.

Salma is a presenter at the VH1 Fashion Awards, hosted by Ellen DeGeneres.

1999

Salma appears alongside Ben Affleck and Matt Damon in Kevin Smith's love story, *Dogma*.

Salma plays the role of Frida Kahlo in the film *Frida*.

July – Salma stars with Will Smith, Kevin Kline and Kenneth Branagh in *The Wild Wild West*, directed by Barry Sonnenfeld.

12

Salma Online

For the latest news on Salma Hayek, including film reviews, upcoming releases and personal information, check out the following websites:

1. **www.salma.com**
   This continously-updated site includes biographical information, interviews, film reviews, pictures and all the latest Salma news. (This is an independent site. It is not affiliated in any way with Salma or her management.)

2. **www.mrshowbiz.com**
   Contact this site for all the latest information on movies and stars—including Salma Hayek.

3. **www.eonline.com**
   Eonline! has movie fact sheets and reviews as well as information on Salma Hayek.

Salma in *Desperado*
(© Corbis)

Salma in *From Dusk Till Dawn*
(© Pacha/Corbis)

Salma with Matthew Perry
in *Fools Rush In* (© Corbis)

Salma at the premiere of *Batman and Robin*
(© Pacha/Corbis)

Salma at the VH-1 Fashion Awards
(© Corbis/Mitch Gerber)

Salma in *54*
(© Pacha/Corbis)

Salma at the premiere of *Fools Rush In*
(© Pacha/Corbis)

Salma and boyfriend, Edward Atterton, at the after-party for the *GQ* Men of the Year Awards at Radio City Music Hall, October 1998   (© David Allen/Corbis)

ESPAÑOL

Agradecimientos

Gracias a las siguientes personas por sus importantes contribuciones a este proyecto:

El equipo en St. Martin's Paperbacks, especialmente el director, Matthew Shear, por su compromiso para lanzar esta serie de biografías bilingües y a Glenda Howard por su dedicación para que esto se convirtiera en una realidad.

A Francheska Farinacci, por su duro trabajo en traducir el texto al castellano.

Y a mi agente, Laura Dail, por reconocer, una vez más, el valor de un nuevo proyecto y por incluirme en ello.

Gracias.

Nota de la autora

Las citas de Salma Hayek que figuran en este libro fueron tomadas de una gran variedad de entrevistas concedidas por Hayek. No tuve oportunidad de entrevistarla personalmente.

Indice

Capítulo 1:   Salma Hayek—
              introducción   91
Capítulo 2:   Los primeros años   95
Capítulo 3:   Salma al norte de la
              frontera   101
Capítulo 4:   *Desperado* y más allá   109
Capítulo 5:   Salma sobre la belleza   134
Capítulo 6:   Salma sobre la moda   139
Capítulo 7:   Salma sobre amor   146
Capítulo 8:   Próximos proyectos   152
Capítulo 9:   Salma: un símbolo de la
              identidad mexicana   160
Capítulo 10: Chismes   169
Capítulo 11: Cronología   175
Capítulo 12: Salma en la red   180

1

Salma Hayek — introducción

Midiendo solamente cinco pies y dos pulgadas y pesando tan sólo 106 libras, Salma Hayek es probablemente la latina más famosa y ciertamente la más popular en Hollywood hoy en día. Esta bella mexicana de treinta años de edad ha cautivado a Hollywood y bien merece el título de "la primera gran estrella latina desde Dolores Del Río". Ella se ha unido a la lista de las hispanas más distinguidas que incluye actrices como Jennifer López y Rosie Pérez, y cantantes como Gloria Estefan, quienes representan la nueva tendencia hacia la sensibilidad hispana en los Estados Unidos. Al gual que estas mujeres, Salma ha cruzado la barreras que las hispanas tienen delante en Hollywood, algo que ha dificultado más de una carrera.

Aunque pequeña en tamaño, Salma tiene la determinación de una leonesa, y esa determinación, combinada con una iluminante belleza, una hermosa figura, y una mirada que parece decir "ven aquí," que ha deslumbrado a los espectadores, y la ha convertido casi instantáneamente en una estrella, en una ciudad que posiblemente es la más difícil para ser reconocida.

Ni una semana pasa sin que Salma Hayek no sea destacada en alguna revista o artículo de periódico. En los pocos años que ella ha estado en los Estados Unidos, Salma ha pasado de desconocida a estrella y un *sex symbol* internacional. Cuenta con un historial impresionante, lleno de apariciones en televisión y en películas, y si eso fuera poco, ella es la latina más buscada hoy en día, lo cual le da el lujo de escoger entre muchos diferentes papeles que se le ofrecen.

Pero el estrellato que Salma Hayek ha alcanzado en tan poco tiempo no fue fácil. Aun con la ventaja de una mirada sensual y provocativa, una curvilínea figura, y su naturaleza coqueta, Salma tuvo que luchar cuando llegó a Hollywood. Hoy se ríe de su inocencia de entonces. Le cuesta creer lo poco que entendía de ese mundo, pero ella llamó a la agencia William Morris y preguntó por el señor Morris. "Lleva años de muerto," le tenían que informar. Hoy la agencia William Morris la representa.

Salma atribuye su adelanto al duro trabajo y a la determinación que no la dejó rendirse a los estereotipos que controlan a Hollywood. Tanto su acento, lo cual era bastante fuerte, y su aspecto extranjero han sido obstaculos en su intento de conseguir los papeles que ella sentía que podía interpretar. Salma misma nunca le ha dado importancia al hecho de que no se parece a la chica norteamericana de al lado. Una vez que lea un papel que cree que puede interpretar, Hayek dijo en una entrevista, "es bien dificil convencerme de lo contrario. Y si tú me pones en un cuarto con cualquier director, es más probable que yo lo convenza a él también". Pero ha encontrado mucha resistencia, y siente que hay muchos papeles que podría desempeñar exitosamente, pero que todavía no han sido creados.

Salma Hayek enfrentó y quebró esas resistencias, y también ha tenido que soportar el sexismo con la cual se encontró cuando llegó a Hollywood. Casi todos sus primeros papeles destacaban su belleza y su cuerpo en vez de su talento artístico. Pero Salma no aceptaba esos papeles porque quería ser *sexy*. Los aceptaba porque "uno consigue lo que puede. No es como si a uno le dieran todas estas ofertas de las que se pueda escoger". Y su estrategia funcionó. Hoy en día le ofrecen papeles que hacen resaltar su inteligencia y su talento, y ahora sí puede escoger lo que quiera.

Salma atribuye su triunfo no solamente a su determinación sino también al hábil dirección de sus agentes y sus representantes. Pero no crea que estos se actuaran solos. "Soy estratega," ella ha dicho. "Lo disfruto. Me consume. No duermo. Yo mismo llamo al abogado y le digo: Reposa esta cláusula. Llamo al agente y le digo: Haz esto! Soy un dóberman."

En una entrevista con el periódico mexicano, *El Universal*, Salma dijo, "Todo es como un juego de ajedrez. Si mueves la pieza equivocada, viene el jaque y mate". En el caso de Salma Hayek, ha movido todas las piezas correctas y esta estrella de telenovelas mexicanas ha subido de la categoría de los desconocidos de Hollywood al nivel de superestrella internacional.

2

Los Primeros Años

Nacida el 2 de septiembre de 1968 en Coatzacoalcos, en Veracruz, México, Salma recuerda
una infancia feliz, de batidas de coco y tacos de
dulce lechón. Su padre, un hombre de negocios,
es libanés. Su madre, que anteriormente era una
cantante de opera y una maestra, y que ahora
se dedica a buscar becas para jóvenes talento-
sos, es de origen español. Esta mezcla cultural
puede explicar la razón de su exótica belleza.
Salma creció con su hermano Sami. El pueblo
de Coatzacoalcos fue un buen sitio para criarse,
ya que era un pueblo de media clase con una
fuerte economía. Sin embargo, tenía sus problemas, y Salma recuerda los derrames químicos
que cubrían las playas locales, forzando a los
niños como Salma a quedarse adentro, y éstos
tenían que buscar su entretenimiento frente a la
televisión o en los teatros de cine en vez de
estar bajo el sol en la playa.

La determinación de Salma se veía desde una edad bien joven; logró convencer a sus padres que la dejaran asistir una escuela católica en el estado norteamericano de Louisiana a la tierna edad de trece años. Pero su desafío también era aparente. Salma era una buena católica. ''Me encantaba cantar en la misa. Pero al mismo tiempo, era adicta a las bromas, y las monjas eran mis víctimas principales''. Durante sus dos años en la escuela, ella jugó unas cuantas burlas que eventualmente fueron la razón por la cual la echaron. Cuando la revista *GQ* la pregunté cuál fue su burla más cruel, Salma respondió, ''Una vez durante la hora de estudio, pedí permiso para ir al baño y fui a las escondidas a los cuartos y atrasé los relojes por tres horas''. También traía tequila de Mexico a las escondidas para los cocineros de la escuela y a cambio, ellos le dieran a ella la mejor comida.

Salma regresó a México sin haber aprendido mucho inglés, porque pasaba la mayoría de su tiempo con los mexicanos y cuando regresó a México, no practicaba el inglés que había aprendido. Años despues, al llegar a Hollywood, se lo arrepentiría.

Después de haberse graduado de la escuela superior a los dieciséis años de edad, su madre no quería que ella fuera a la universidad por que pensaba que Salma todavía estaba muy joven y "le temía a los chicos de la universidad". Entonces Salma fue a Houston a pasar cuatro meses, con su tía. Durante ese tiempo, alrededor de los dieciséis años, Salma entró en su etapa *punk*. "Usaba camisetas con tachones puntiagudos y mi pelo estaba parado en cada punta", ella le dijo a la revista *In Style*. Este período dio paso a una etapa muy conservadora, en la cual usaba ropa muy grande para esconder su figura. De allí pasó a la etapa que ella llama "slob", porque nada más usaba pantalones cortos y sudaderos. Pero Salma defiende sus etapas diciendo "aun cuando yo era *punk*, yo tenía buen gusto. No mezclaba cualquier ropa que encontraba. Tenían que tener la perfecta combinación repugnante". Esta "crisis de indentificación", manifestada por su ropa (y muy común en los adolescentes), pasó con el tiempo y Salma se movió a la etapa más seria de su vida.

Luego fue a la ciudad de México para estudiar Relaciones Internacionales y Drama en la Universidad Iberoamericana. Fue entonces cuando decidió que quería tener una carrera como activa. En una entrevista con la revista *Axcess* Salma dijo, "yo siempre quise ser actriz desde bien niña, pero intenté convencerme de que eso no era lo que quería. [Mi convencí de] que yo quería tener una carrera más estable. Eso era lo que todos los demás estaban haciendo, y eso era lo que mis padres querían que yo hiciera. Pues traté de esconder esa parte de mi ser. Pero, no me podía engañar. Por más que trató de poner sus ambiciones artísticas al lado, no pudo y, por fin, a los dieciocho años, decidió hacer sus sueños realidad. Inicialmente sus padres no aceptaban su decisión y, segun Salma, sus amigos ''pensaban que era la cosa más ridícula que habían oído. Ser actriz estaba bien debajo de ellos. No podían creer que yo quería ser actriz''.

Por supuesto las cosas han cambiado. Poco después de haber hecho su decisión y estando ya en los últimos años de su adolescencia, Salma fue descubierta por un productor de telenovelas que trabajaba para los estudios de Televisa en México. De la noche a la mañana ella se convirtió en un éxito. Salió en unas cuantas novelas, como ''Nuevo Amanecer'' y la más importante, ''Teresa,'' la novela en la cual ella interpretó el papel de Teresa, una chica que vive en la pobreza y que tiene que luchar contra los problemas de la vida cotidiana. Teresa usa su belleza y su encanto para poder conseguir lo que quiere, así tratando desesperadamente de escapar de la miseria. Y así fue cómo Salma saltó de actriz desconocida a celebridad de México. Es más, Salma misma estaba asombrada por la magnitud de su éxito en ''Teresa,'' la cual fue sindicada en más de veinte países alrededor del mundo. Ella hasta ha dicho que no sabe cómo la audiencia televisiva podía aguantar verla cada noche. En realidad, durante su tiempo en la novela, cuando sus fanáticos se le acercaban en la calle y declaraban su amor para Teresa, Salma se preocupaba que este tipo de actuación destuiría cualquier talento legítimo que ella podía tener.

Pero a pesar de haber adquirido su estrellato y a pesar de ser la "bombshell" mexicana ("bombshell" es una palabra inglesa que ella todavía no entiende—hasta ha preguntado si quiere decir que ha fracasado en una película), Salma quería más. No estaba contenta de ser solamente una actriz de telenovelas; quería hacer películas. Ella quería ser una estrella de películas en el verdadero sentido de la palabra. Y por lo que ella veía alrededor de ella, el cine mexicano no le podía ofrecer lo que ella quería. Se dio cuenta de que tendría que irse de México y empezar de nuevo. Pues ya siendo una actriz respetada (había ganado el Premio TV y Novela, lo cual es el equivalente del premio Emmy en los Estados Unidos, para mejor actriz por su personaje Teresa) y una reputación nacional por su belleza y su encanto, ella hizo la decisión que cambiaría su vida para siempre.

Decidida a hacerse una estrella de Hollywood, al principio de 1991 Salma hizo sus maletas y se fue para los Estados Unidos. A pesar de que casi no hablaba inglés, ella decidió arriesgarlo todo, en la cumbre de su fama en México, para triunfar donde más contaba: Hollywood.

3

Salma al Norte
de la Frontera

Cuando le preguntaron en una entrevista con la
revista *GQ* por qué dejó una exitosa carrera en
México para venir a los Estados Unidos, Hayek
respondió, ''Yo no quería hacer telenovelas
toda mi vida. Da pena—los mejores actores
mexicanos, gente brillante, viven en casitas y
nunca tienen dinero. Pues lo arriesgué todo, me
vine para acá y empecé de nuevo''. Salma sabía
que había más oportunidades en los Estados Unidos, ''. . . y por lo tanto había más riesgos también''.

Resultó, como ya sabemos, que su riesgo
mereció la pena. Sus instintos raramente se le
han fallado: aunque haya tenido un exitosa carrera en México, y tenía una muy buena vida
allá, sus insintos la empujaban a seguir el próximo paso, aunque tuviera que empezar de
nuevo. Y empezar de nuevo es lo que hizo. Con
sus dos maletas en la mano, llegó a Los Angeles

con talento, hermosura natural, inteligencia, y unas fuertes ganas de tener éxito y convertirse en una superestrella.

Cuando Salma llegó a Los Angeles, pensaba que tendría unas ventajas. Ya sabía un poco de inglés y tenía un buen curriculum de trabajo de su período en México. Pero muy pronto se dio cuenta que estaba más atrasada de lo que imaginaba. Se puso a estudiar Shakespeare en los estudios de en Stella Adler para mejorar su inglés. ''Cuando fui a la escuela de actuación, fue bien deprimente,'' ella ha dicho. ''Nadie entendía ni una palabra que yo decía. No podía moverme, por la ciudad, así de malo fue. Tuve que dedicar dos años de absoluta dedicación al inglés'' (Salma todavía tiene un instructor para aydudarle a suavizar su acento). En una entrevista con la revista *Elle,* Hayek recuerda que ella solía decir ''Calladita me veo más bonita''. Pero hizo un tremendo esfuerzo para asimilar su nuevo ambiente, y por los primeros tres años, ella se mantenía al margen del mundo artístico: salía en pequeñas partes, trabajaba como maquillista, y hacía doblaje mientras trataba de mejorar su inglés en las clases sobre Shakespeare.

Salma pagaba sus deudas y a veces le tentaba la idea de dejarlo todo y regresar a México. A pesar de sus esfuerzos y su devoción, sus ahorros se estaban acabando. Pero se aferró a sus sueños. Desde su perspectiva, regresar a México hubiera sido conceder una derrota. Ella era simplemente demasiado orgullosa para eso, y demasiado orgullosa para admitirle a cualquiera que había malgastado dos años de su vida. Seguía estudiando y se mantuvo enfocada y segura de sus habilidades para seguir adelante y alcanzar su meta de ser descubierto. Y se recordaba la razón por la cual había venido—para hacer películas. En México "los mexicanos casi siempre van a ver las películas norteamericanas", y películas norteamericanas eran exactamente lo que iba hacer.

Salma no solamente tenía dificultad ajustándose a su nueva condición de desconocida, sin mencionar la dificultad que tenía con el inglés. Pero ahora tenía otra formidable tarea delante: manejar un coche en las calles de Los Angeles. "Qué pesadilla", dijo Salma en una entrevista con la revista *Los Angeles*. Aunque nunca había manejado un coche en México, aquí en América, quería ser independiente. Su primer coche fue manual—eso duró dos días. Después compró un coche automático. Pero como Salma no tenía ninguna idea de cómo llegar a los sitios, y como sus amigos le pusieron "totalmente paranoica" con los policías de Beverly Hills, ella se compró un teléfono celular para poder llamar a sus amigos y preguntarles las direcciones mientras conducía. La factura para ese teléfono fue enorme. "Siempre estaba perdida", ella dijo. Siempre estaba perdida . . . les llamaba por teléfono y ponía a mis amigos loco. Me quedaba en la línea todo el tiempo porque siempre estaba perdida y siempre en los peores sitios. Estaba hablando por teléfono, llorando por horas en el este de Los Angeles, en el barrio South-Central. Yo temía tanto a abrir mi ventana y preguntarle a alguien cómo llegar a Beverly Hills" Salma piensa que este aspecto de su vida fue la más difícil. Pero pagó sus deudas en ese respecto también.

La oportunidad inicial de Salma vino después de haber soportado pequeños papeles y casi siempre eran personajes étnicos. Durante cuatro meses, ella se presentó a las audiciones para la protagonista de *Mi vida loca*. Finalmente la directora, Allison Anders, le dijo que le iba a dar el papel a otra actiz, pero que Hayek le gustaba mucho. Anders le ofreció darle unos cuantos papeles pequeños para que ella pudiera conseguir la tarjeta del S. A. G. (Screen Actors Guild, el gremio de actores de cine y televisión). Salma aceptó. A pesar de que los papeles no eran muy grandes, Salma recibió mucha atención por la película, porque el cartel fue visto por más personas que la película misma, y su imagen fue más grande que las de las otras actrices. La película se trata de dos amigas que viven en un barrio pobre de Los Angeles, y de repente su amistad se encuentra desgarrada cuando una de las amigas sale embarazada por el novio de la otra. Salma tenía el papel de la Gata.

Durante ese tiempo Salma consiguió otros papeles pequeños en unos cuantos programas de televisión. En el programa ''The Sinbad Show,'' protagonizado por el comediante Sinbad, Salma interpretó el papel de Gloria, la vecina del personaje principal, un programador de juegos de video que está criando a sus dos hijos.

También salió en el programa ''Dream On,'' una comedia de HBO, que se trata de un padre divorciado que trabaja como editor de libros. Salma apareció en un episodio. Su papel fue el de la criada sexy, Carmela, en un episodio que se tituló ''Domestic Bliss'' (Felicidad en el hogar).

Salma salió también en el programa ''Nurses'', que se trata de enfermeras que trabajan en un hospital. Su papel era la hermana de unas de las enfermeras.

Además de aceptar estos papeles pequeños, también pagó sus deudas de otras maneras. Aprendió que los hombres en Hollywood podían ser igual de chauvinistas y sexistas como sus homólogos en México. Pero Salma les demostraría que no era ninguna violeta tímida. Su gran oportunidad todavía le esperaba.

Salma Hayek y el director de películas Robert Rodríguez, estaban destinados ''para descubrirse el uno al otro''. Al ver la película de Rodríguez, *El mariachi*, Salma estaba tan impresionada, que al volver a la casa sólo podía pensar en cuánto quería trabajar con él. Volvió a casa y sonó el teléfono. Era Elizabeth, la esposa de Robert, llamándola para hacer una cita para que Hayek podía conocerle a Rodríguez. Por casualidad, esa misma noche, Rodríguez había estado cambiando los canales de la televisión cuando pasó por el canal hispano y vio a Salma mientras la entrevistaba en el programa ''The Paul Rodríguez Show''.

En seguida, Robert Rodríguez sabía que Salma sería perfecta para el papel principal de *Desperado*, la película que estaba a punto de empezar con el actor Antonio Banderas. Aunque el estudio quería una rubia para el papel, Rodríguez creía que debería ser una estrella latina, ya que la heroína era latina. Inmediatamente, la puso en *Roadracers,* una película para televisión por cable. Salma desempeñó el papel de Chicanna Donna y compartió la pantalla con David Arquette.

Luego, la asignó en el segmento llamado ''The Misbehavers'' (Los mal portados) que fue parte de *Four Rooms*, una película de cuatro episodios hecha del trabajo de cuatro directores (Allison Anders, Alexandre Rockwell, Quentin Tarantino y, Robert Rodríguez). En esta película para un canal de cable, además de Salma salen actores como Tim Roth, Madonna, Lili Taylor, Antonio Banderas y Bruce Willis. En ''The Misbehavers'', Salma desempeña el papel de una bailarina escasamente vestida que se ve al fondo del club.

Después de esos papeles, Rodríguez le dio el papel principal de *Desperado*. Para Hayek fue un sueño hecho realidad. Su gran oportunidad por fin había llegado. Y meses después, Rodríguez la contrató para hacer el papel de una ''stripper'' que también es una vampira llamada Satánico Pandemonium en la película *From Dusk Till Dawn*.

Es fácil ver cómo Hayek adora a Rodríguez. Trabajaría con él a cualquier oportunidad, en cualquier momento. Ella ha dicho, ''Seré su esclava porque el creyó en mí cuando nadie más lo hacía.'' Es más, Hayek ha bromeado sobre el hecho de que ahora Rodríguez se ha hecho posesivo de ella, diciéndole que no vaya a las audiciones por que él la quiere solamente para él. Esta actitud sólo es una broma, pero la lealtad mútua va todo en serio.

Con todos los obstáculos delante de ella,

Salma Hayek derrotó todo con su belleza, sexualidad, encanto y talento. Ella está en camino para ser una estrella, haciéndose reconocer en una ciudad que no suele ser muy hospitable en cuanto a los artistas latinos. Con la llegada de películas como *Fools Rush In*, *54*, *The Wild, Wild West*, y los demás proyectos actuales y futuros que serán discutidos en los capítulos que siguen, Hayek ha saltado de ser "bombshell" mexicana a ser una actriz auténtica de Hollywood. Aunque nadie puede ignorar su belleza y su cautivante mirada, ahora su talento es una comodidad indudable. En abril de 1997 en una entrevista con la revista *Time*, Hayek dijo, "Cuando llegué a Hollywood los mexicanos eran considerados como tan 'uncool'. Si consigo lo que quiero, eso cambiará". Parece que Salma ya sabía lo que le esperaba.

4

DESPERADO y Mas Allá

La decisión de Salma de dejar su exitosa carrera de televisión en México y la cómoda vida de que estaba disfrutando, para irse y seguir su sueño de ser una estrella de Hollywood no puede haber dado mejores resultados y su carrera sólo haya empezado. Aunque ya hay gran demanda por Salma, por su aspecto sensual y su gran presencia en la pantalla, Salma Hayek está todavía balanceándose al borde de ser una superestrella. Su oportunidad en *Desperado* le preparó el terreno, y ahora tiene ofertas para papeles cada vez más serios y profundos. Al mismo tiempo, su talento artístico—no solamente su belleza—está siendo reconocido y Salma misma está haciendo incursiones en el mundo de Hollywood, que actualmente cuenta con tan pocos actores de orígen hispano.

DESPERADO (1995)

Aunque Hayek ahora ha actuado en docenas de películas, *Desperado*, de Columbia Pictures y realizada por Robert Rodríguez, es ciertamente su más recordada, ya que es la que le preparó el terreno para avanzar en Hollywood. Se puede decir que Hollywood (no solamente Robert Rodríguez) verdaderamente descubrió a Salma en el papel de Carolina. Y lanzó su gran carrera en esta elegante continuación de *El mariachi* con el *sexy* protagonista Antonio Banderas. Banderas es el mariachi convertido en vigilante que quiere vengar la muerte de su amada por un narcotraficante llamado Bucho (interpretado por Joaquim De Almeida.) Al principio de la película, un vagabundo entra en una cantina en un pueblito de México y le dice a la gente que hay un mariachi por allí que ha estado matando gente con su caja de guitarra, la cual está llena de munición. Esto prepara la escena para que el Mariachi (Banderas) entre al pueblo y continúe su búsqueda del asesino de su amada.

Hayek sale como el interés amoroso del Mariachi, la sexy y bella dueña de una librería, Carolina. Cuando Rodríguez la dio el papel, ella se recuerda que él le dio una sola palabra de referencia: ''librería''. Por qué será esta palabra una clave tan importante? Porque ''Carolina tiene una librería en un pueblo donde nadie lee.'' Aunque Carolina misma es una realista, su tienda y lo que contiene son un retrato de un mundo vivo en el cual uno puede viajar y conocer a personas que pueden trascender sus experiencias de cada día. Como Hayek lo dijo, ''Ella es una soñadora, y cuando ve al Mariachi caminando por la calle, sabe que él es su destino y que viene a salvarla''.

Cuando el Mariachi es herido por una bala, Carolina lo lleva a la librería y le da un calmante para poder sacarle la bala de su hombro y luego lo opera, usando un libro médico como referencia. En una entrevista con la revista *GQ*, le preguntaron si le gusta atormentar a los hombres, ya que parecía que se estaba divirtiendo cuando le tuvo que sacar la bala del hombro de Banderas. Su respuesta: ''No mucho . . . un poquito. Yo creo que a los hombres les gusta ser atormentados, quieren que las mujeres sean provocativas, que jueguen con ellos, y eso es una forma de tortura''.

En cuanto a las escenas más difíciles, Salma decidió hacer todas sus propias hazañas, para la sorpresa del resto del reparto, quienes estaban constantemente llamando para que la especialista viniera. Su hazaña favorita fue en la escena en la que ella y Banderas saltan de un edificio a otro. "Nos pusieron dos cables y me sentía como si estuviéramos verdaderamente volando," le dijo a la revista *Empire*. "No quería parar. Seguía diciendo, 'No lo podemos hacer una vez más?' Me lo pasé estupendo . . ."

Hayek y Banderas hacen una pareja irresistible en esta película de tiroteos, escenas de amor, momentos cómicos y escenas de furiosos perseguimientos en coche. Hayek demuestra una sensualidad indudable por toda esta película, que ha sido comparada a *Pulp Fiction*. La música es de Los Lobos, pero Salma toca la guitarra en una canción, "Quédate Aquí", y es bella y seductiva. Y su atracción en la pantalla ciertamente añade calor a las escenas románticas, como cuando Carolina le da al Mariachi una guitarra y los dos se ponen a tocarla y ella paulatinamente lo seduce. Otra escena involvidable es la escena de amor, de la que Salma estaba bien nerviosa y por la cual ella se esforzó mucho para prepararse. Mientras se alojaba en un hotel cerca de la Ciudad Acuña, México, (donde la mayoría de la película *Desperado* fue filmada) Salma se dio cuenta de que necesitaba prepararse para las escenas de amor con Banderas. Ella se las arregló para tener una sesión de depilación de piernas en su cuarto, pero terminó gritando de dolor. "se suponía que estas tres chicas eran del mejor salón de belleza del pueblo. Resultó que nunca habían depilado piernas. Nada más habían hecho *bigotes*". Dolor y todo, Hayek ni se encogió el próximo día durante el toma de primer plano con Banderas. "No podía dejar que se interfiriera con mi actuación. Eso es lo único que importa". Profesionalismo en cada aspecto, otra característica de Salma. Con *Desperado*, capturó la atención del público norteamericano y con su nueva celebridad casi asegurada, no había ninguna forma para mirar hacia atrás.

FAIR GAME (1995)

Digno de mencionar, pero no el papel más inolvidable para Salma, es su rol en la película basada en la novela de Paula Gosling, *Fair Game*, la primera película *feature* dirigida por Andrew Sipes. Esta película, estrenada por Warner Brothers el mismo año que *Desperado*, está llena de efectos especiales. La supermodelo, Cindy Crawford desempeña el papel de una abogada de Miami, Kate McQuean, quien está siendo perseguida por unas personas estilo KGB que la quieren matar. William Baldwin es Max Kirkpatrick, el policía que se encarga de protegerla. La película de noventa y un minutos, producida por Joel Silver (*Lethal Weapon*, *Die Hard*) está llena de escenas de persegumientos y explosiones. Salma desempeña el papel de Rita, el ex-amante. Su papel es pequeño pero entretenido, como la recién-plantada, histérica novia.

EL CALLEJON DE LOS MILAGROS (1995)

El compromiso de Salma con México y con sus raíces es casi siempre visible en su trabajo y en las decisiones que toma. Justo cuando había hecho su gran entrada a Hollywood y había empezado a ser reconocida por la bella y talentosa actriz que es, decidió regresar a México para filmar una película allí. Ella tomó el papel principal en la película *El callejón de los milagros*, de Jorge Fons.

Esta película es un drama que gira en torno a un barrio de clase trabajadora en la ciudad de México. Basada en la novela del ganador del Premio Noble, Naguib Mahfouz, de Egipto, Fons adaptó la historia, cambiándola de Cairo a la ciudad de México. La versión de Fons cuenta la historia de algunas de las personas que viven en esta vecindad, concentrándose sus conexiones con el dueño de una taberna, Don Ru (Gómez Cruz).

Ru es el dueño de una cantina que funciona como un club para muchos de los hombres del barrio, en las tardes, pues, es allí donde se la pasan jugando al dominó. Ru, quien está casado con Eusebia (Delia Casanova), se ha aburrido de su matrimonio de muchos años y se encuentra atraído a un joven mesero llamado Jimmy (Esteban Soberanes). El hijo de Ru, Chava (Juan Manuel Bernal) está avergonzado por esto y trata de matar a Jimmy. Chava trata de escapar de esa situación huyendo a los Estados Unidos, en busca de fortuna, junto a su amigo Abel (Bruno Bichir), quien está locamente enamorado de Alma (Salma Hayek), quien se dedica a la prostitución mientras él está en los Estados Unidos.

Hayek recibió aclamación internacional por su papel de niña buena convertida en prostituta. Para Hayek esta película y el personaje la atrajeron mucho por su viva y realista interpretación de la sociedad mexicana. "Yo quiero apoyar a cualquier persona que tenga las c . . . s para hacer una película como ésta en México." ella dijo en una entrevista con *Time*. Esta película no solamente ganó el premio Ariel para mejor película del año en 1995, pero la película también ganó cincuenta y dos premios internacionales. Salma recibió cuatro de ellos, por su interpretación como la orgullosa chica luchando para escapar de su vida de pobreza. *El callejón de los milagros* fue también la entrada mexicana para mejor película extranjera en 1995 para los Oscar. Es una de las películas más nominadas y premiadas de todo México.

Aunque comprometida a su nueva vida en Hollywood, Salma no se ha olvidado de quién es ni de las personas que la ayudaron a llegar allí. Ella tiene una lealtad feroz a sus aficionados y a su gente, a los que siente que les debe un gran parte de su seguridad. "Ellos me abrazaron y estuvieron conmigo desde mi primera telenovela. Ellos no me conocían pero creían en mí. Como empecé en lo más bajo de Hollywood eso me ha dado más fuerzas." Esta gratitud permanece con Salma, asegurando que, cuando otras oportunidades para hacer películas mexicanas aparezcan, ella no dudará en salir del candelero de Hollywood para regresar a su tierra por un tiempo.

EL JOROBADO DE NOTRE DAME (1996)

En esta producción del Jorobado de Notre Dame, producida por el canal de cable televisión TNT, Hayek interpreta el papel de Esmeralda, una alegre gitana. La película fue rodada enteramente en Hungría, y para Hayek el papel le dio la oportunidad para poder ensanchar sus experiencias en un papel no hispano y un papel que no sea totalmente centrado en su belleza física. Ella se considera afortunada de haber tenido la oportunidad de haber trabajado con Mandy Patinkin y Richard Harris.

Su participación en esta película también le dio el regalo personal de haber conocido al actor inglés, Edward Atterton, su amor corriente.

DESDE EL OSCURECER HASTA EL ALBA (1996)

La primera reacción de Salma a la oferta del director Robert Rodríguez fue "Yo nunca he bailado y tú quieres que lo haga en un bikini?" Rodríguez respondió, "Tú tienes que estar en cada película que yo haga. Tu eres mi amuleto de buena suerte". Hayek aceptó la parte de Satánico Pandemonium, la sexy vampira/stripper que baila un tango de 4 o 5 minutos con una serpiente pitón albina, claramente la escena más inolvidable y famosa de la película.

Esta película de horror, escrita por Quentin Tarantino y dirigida por Robert Rodríguez, se trata de dos hermanos que huyen hacia México después de haber robado un banco en Texas. No bien cruzan la frontera que llegan a una taberna llena de vampiros. En *From Dusk Till Dawn*, Salma comparte la pantalla con Quentin Tarantino, George Clooney, Harvey Keitel, Juliette Lewis, en su cuarta película dirigida por Robert Rodríguez.

Inicialmente Salma había negado a hacer la escena del baile, su motivo siendo la fobia que le daba miedo a las serpientes. Pero eventualmente aceptó. Estuvo dos meses tratando de vencer este razonable miedo. Trató meditación, trabajos mentales, trabajos con sus sueños y libros sobre el significado de las serpientes en la cultura egipcia y en las civilizaciones sudamericanas. Hasta empezó a visitar una tienda de animales y se ponía a hablarle a una pequeña serpiente que había. Pero tuvo que parar porque su presencia estaba perturbando la tienda. Nada funcionó hasta que un amigo mexicano-americano empezó a hacerle un rito que requería que Salma se acostara en el piso mientras él la tocaba sus puntos de Chakra. Inicialmente escéptica, Hayek se encontró en lagrimas—la próxima vez que vio una serpiente, su fobia se había desparecido. De hecho, encontró la idea de tener una serpiente alrededor del cuerpo interesante. Al final la escena se roba la película.

Y ¿quién se puede olvidar del momento cuando Salma deja que gotas de whisky caen de su pierna hacia la boca de Quentin Tarantino durante la escena del baile? La imagen es difícil de borrar. Cuando le preguntaron en el Late Late Show de [la cadena] CBS si fue difícil hacer la escena con Tarantino, Hayek respondió, "... trabajando con Quentin Tarantino fue bien ... no fue difícil para nada. El es bien gracioso y un buen amigo además". Ella también disfrutó de haber trabajado con el rompecorazones George Clooney, cuyo personaje ella esclaviza en la película. Cuando le preguntaron en una entrevista si pudiera tener a Clooney como su esclavo por un día, Hayek graciosamente contestó, "Para empezar, me sobaría los pies. Después lo llevaría a todos los lugares que no puedo llevar a mis amigos. Y le pediría que me cocinara y que me vistiera". En una entrevista con Mr. Showbiz, ella comparó dos de sus más famosos galanes, Banderas y Clooney, a "explosiones de luz en la pantalla." Hasta entremedio de los rodajes, ella dijo, siempre están "coqueteando y encantando al equipo y al reparto". Lo mismo se puede decir de Salma, quien deslumbró al reparto y al público con su exótica y sensual presentación.

Al concluir el baile, Satánico de repente se convierte en una vampira. Esta transformación fue un milagro de los artistas de maquillajes, quienes estuvieron aplicándole diferentes técnicas de maquillaje y prostetica facial para convertir su bella cara en una monstruosa vampira. Cuando el maquillaje fue terminado, Salma inesperadamente recibió una lección en la manera insensible en que las personas tienden a tratar personas con deformidades, ya que los otros miembros del reparto huían de ella. Salma encontró la experiencia muy deprimente.

Pero Hayek puede pensar que la experiencia también valió la pena, porque la permitió trabajar con algunos de los directores y galanes más importantes de Hollywood. En particular, ella admiró a Robert Rodríguez y Quentin Tarantino porque no se preocupan por si algo va a trabajar, si a la audiencia le gustará: "Ellos tienen algo que decir y lo dicen. No tienen miedo".

Para muchos la presentación de Salma como la sexy bailarina vampira, Satánico Pandemonium, es probablemente una de sus escenas más inolvidables, y por razones obvias—una escena corta en la película pero duradera en la memoria de sus aficionados.

HUIDA (1996)

Esta película de acción de MGM, dirigida por Kevin Hooks, producida por Frank Mancuso, Jr., y protagonizada por Laurence Fishburne y Stephen Baldwin se trata de dos prisioneros, Piper (Fishburne) y Dodge (Baldwin) que se escapan mientras trabajan para una cuerda de presos. El argumento empieza allí, y ellos se encuentran huyendo tanto de los policías como de la mafia cubana. La acción que casi no para en esta película que, el *Chicago Tribune* describió como una película "rápida, ruidosa y musculosa" tiene lugar en los bosques del estado de Georgia y en la ciudad de Atlanta. Hayek tiene un pequeño papel como Cora, la ex esposa del policía que los ayuda y quien se envuelve románticamente con Fishburne.

Como hace en cada película en que participa, Salma añadió mucho a esta *thriller*. "Inventé un par de bromas," le dijo a la periodista Laura Winters para la revista *Elle*. "Anadí un elemento cómico a la sexy chica de acción."

Funcionó. Según su coprotagonista Laurence Fishburne, Salma tiene el 'sentido de 'coordinación que solo tenía personas como Lucille Ball.''

RUPTURA AMOROSA (1997)

Después del triunfo de *Desperado,* Hayek tuvo la oportunidad de ganar mucho más dinero haciendo películas en los estudios de películas más grandes. Sin embargo, decidió escoger un papel en una película hecha bajo un presupuesto de tan sólo un millón de dólares, *Breaking Up*. A Hayek le gustó el guión, y aceptó el papel del interés amoroso de Russell Crowe (*Virtuosity*) en la adaptación de una obra de teatro de Michael Cristofer que ganó el Pulitzer Prize.

Cuando fue preguntada en una entrevista sobre sus galanes, Hayek respondió ''Russell Crowe es uno de los mejores actores con quien he trabajado''. Y aunque claramente las películas de este tipo no la harán rica, está, ''muy, muy orgullosa del trabajo que hice y nadie me lo puede quitar.'' Ella le dijo a *Eonline!*, ''Yo podría hacer el papel de cualquier chica bonita, pero a dónde me va a llevar eso? Yo puedo tener todo el dinero y todas estas cosas, pero estos no fueron mís razones por ser actriz. Soy actriz porque amo lo que hago. No estoy loca por la cantidad de dinero que me pagan . . . el dinero no tiene nada que ver''. Salma está muy orgullosa de su papel en esta comedia, que se trata de amor y tristeza y que nada más tiene dos personajes, Hayek y Crowe. Describió la película como ''cómica y triste a la misma vez. Igual que la vida''.

COMO CORREN LOS TONTOS (1997)

Con esta película de Columbia Pictures, Salma Hayek hace una notable partida de sus papeles previos, los cuales principalmente acentuaban su naturaleza sexy y caliente. Sin perder su famosa sensualidad, en esta película Salma interpreta una chica de al lado de casa. Ella comparte la pantalla con Mathew Perry (mejor conocido como Chandler Bing en la serie ''Friends'' del canal NBC) en esta romántica comedia sobre una bella mexicana-americana y un ''yuppie'' de la costa este quienes se casan después de pasar una noche juntos en Las Vegas.

El personaje de Salma, Isabel Fuentes, es una fotógrafa que tiene la aspiración para tenerlo todo—familia, carrera, y un hombre a quien amar. El personaje de Perry, Alex Whitman, un hombre que piensa solamente en su trabajo, inesperadamente se enamora de Isabel durante un viaje de trabajo. La historia se desarrolla alrededor de los eventos que ocurren después de que estas dos personas (que no saben nada del uno a otro) se casan y sus dos mundos totalmente diferentes se retumban.

La decisión de Salma de aceptar el papel de Isabel Fuentes claramente empujó su carrera a otro nivel. En esta película, ella es la estrella en cada respecto. Su presencia física en el escenario brilla y ella hace que la película sea el éxito que es. ''Esta película vive o muere por Salma Hayek, porque se trata de un hombre que se casa con una mujer dentro de veinte y cuatro horas de haberla conocido'', dijo el director Andy Tennant en una entrevista. ''No habría funcionado si hubiera sido Roseanne; funciona porque es Salma Hayek.''

Es posible que Salma sabía exactamente lo que estaba haciendo cuando la co-productora Anna Maria Davis, le explicó el papel por primera vez, tres años antes de que la película fuera producida. De hecho, el personaje de Isabel Fuentes la fascinó inmediatamente. Hayek ha dicho, ''Yo verdaderamente me enamoré de esta historia y tenía fe en ella antes de que el guión estuviera escrito. Yo vi este proyecto progresar poco a poco, pasando por diferentes etapas, hasta que vi todo caer en su lugar a su tiempo; tres años atrás, yo no pudiera haber hecho esta personaje. Yo sabía que esta película fue mi destino justo como Isabel cree en el papel que el destino desempeña en su vida''.

Davis admiró la tenacidad de Hayek. Davis

no solo pensó que Salma era ideal para el personaje, estaba también muy impresionada que Salma hubiera seguido el proyecto durante tres años desde el principio hasta la producción.

El personaje de Isabel le apetecía a Salma por varias razones. Aunque *Fools Rush In* es una comedia romántica, era más que eso, y Hayek lo reconoció y quería acceptar el reto. Al contrario de las comedias que tienden a seguir cierta fórmula, Hayek le dijo a *Eonline!* esta película ''levanta unos temas bastante fuertes''. Entre estos temas son los que surgen del enfrentamiento de dos culturas distintas.

Hayek también se sentía atraída al personaje porque ella e Isabel comparten muchos de los mismos valores, como la importancia de la familia y el deseo de no conformarse con menos de lo que uno quiere, el deseo de tenerlo todo. Ella respetaba su personaje como una persona. ''Me sentía atraída a la humanidad de Isabel. Es bien raro encontrar un personaje tan humano en una comedia romántica''. La buena niña católica que pasa una noche de pasión fue algo que Hayek sabía que podía representar.

Y como el personaje era una mexicana-americana, Hayek prestó atención especial a exactamente cómo la iba a interpretar. ''Lo que yo más estaba tratando de capturar eran las cualidades 'mágicas', y no quiero decir hocus-pocus, que las mujeres latinas tienen,'' ella ha dicho. "Es un calor, una ternura, un sentido de humor, una feminidad, y todo sin quitarle ninguna fuerza de caracter. Hay una cualidad distinta, algo espiritual". Continuó diciendo, "Creo que de donde venimos es igual de importante que donde estamos ahora." Para Salma, su representación de Isabel Fuentes fue más allá de la historia superficial—el personaje penetró a su ser.

Fools Rush In no hubiera funcionado si no fuera por la vibrante y obvia atracción que había entre Salma y Matthew Perry. El triunfo de la película caía en la verosimilitud del amor entre los dos. Al director Andy Tennant se le ocurrió una idea genial: dio una cena y sólo invitó a Salma y Mathew, para ver cómo se llevaban. El próximo día, Tennant llamó a la co-productora Davis y reportó que había una "conexión potente" entre ellos, que es evidente en la película. Esta atracción es intensificada por el respeto mutuo que tiene el uno para el otro. Según Perry, como fue reportado en una entrevista, además de ser bella, Salma "es una verdadera actriz y bien cómica, pues fue entretenido jugar con los intercambios de nuestros personajes." Por su parte, Salma describió a Perry como "una maquina de chistes. Sabe exactamente qué cara poner, cómo utilizar las líneas para que le den la coordinación perfecta."

Uno de los aspectos más importantes de la

película es cómo el entrecruzamiento de las dos razas es representada. Puesto que la película se trata de una mexicana-americana que se fuga y se casa con un norteamericano, dos familias con dos culturas totalmente diferentes se encuentran forzadas a conocerse. Esto podía haber resultado en la receta para un desastre en el sentido de que pudo haber resultado muy estereotípico. Pero Salma se aseguró de que este no fuera el caso. Bien consciente de que sacrificó todo para venir a los Estados Unidos para "empezar de nuevo", ella se sintió, "Si yo voy a empezar de nuevo, entonces tengo la oportunidad para representar no solamente mis talentos pero los de mi cultura a un público totalmente nuevo." Y esto fue exactamente lo que iba a hacer.

Salma Hayek tenía un plan cuando aceptó el papel de Isabel Fuentes y eso fue "traer una integridad al retrato de su cultura." El director Andy Tennant ha dicho de Salma que "siempre fue bien buena en decir, 'No, eso no es cómo realmente es,' o 'No, yo no diría eso,' y así mejoró la película." Tennant mismo estaba consciente de que sin la perspectiva y la dirección apropiada, la película podía haber sido muy estereotípica. "Estaba cansado de ver el cliché de la clásica familia mexicana," dijo, "y también estaba cansado de ver el cliché de la clásica familia norteamericana en las películas, y siempre traté de encontrar un poco del matiz más profunde''. Y claro, este matiz fue proporcionado por nada más y nada menos que Salma Hayek.

El conflicto de las dos culturas es más evidente cuando los padres de Alex conocen a Isabel por primera vez. Sus padres dan por hecho que Isabel tiene que ser su criada, ya que es hispana. Estas dos familias no sólo son de los lados opuestos del espectro cultural, sino que también cada una culpa a la otra por lo que sus hijos han hecho. Para tener esta escena y varias otras escenas bien hechas, el director escuchó los opiniones de Salma y otros latinos del equipo cinematográfico. Tomás Milian, quien hace el papel del padre de Hayek en la película dice, ''Ese encuentro con los padres del muchacho, siendo sofisticados y 'snobby' cuando se ven en una dimensión completamente diferente—la de una familia mexicana y católica con su sensibilidad más realista—crea muchas situaciones bien cómicas.''

Aunque se puede decir que hay algunos elementos estereotípicos en *Fools Rush In*, tanto con los mexicanos como con los ''anglos'', Hayek y sus acompañantes del equipo y del reparto creen que la película respeta a la cultura y la religión mexicana y espera que el público esté de acuerdo. A su parecer, puesto que *Fools Rush In* es una comedia, algunos pocos estereotipos serían acceptables, "con tal de que tengan dignidad". Como ejemplo, se refirió a la escena en la cual su personaje, vestida en una toga, está tomando fotos de recuerdos en Caesar's Palace. Cuando el personaje de Perry le pide que vaya con él a Nueva York, el director dijo que Isabel no debería porque ella amaba a Las Vegas y su familia estaba allí—y la familia es esencial para los mexicanos. Salma en cambio, prefirió otro punto de vista. Dijo que esto no hubiera sido realista porque las mujeres mexicanas también aman a sus hombres y más si están embarazadas. Pues ella hubiera parecido estúpida si esa fuera su respuesta. Entonces, Isabel Fuentes se convirtió en una fotógrafa ambiciosa que ama la naturaleza y que quiere hacer un libro sobre ese tema. Así se convirtió en una mujer inteligente, artística y motivada. También ayudó hacer más real la idea de que el personaje de Perry se enamorara de ella.

Al final, gracias a la participación, la perspicacia y el talento de Salma Hayek, la película evitó ser clasificada como un cliché y fue un triunfo con el público general. Fue proclamada la película perfecta para una cita romántica y Jeffrey Lyons, de WNBC-TV, la describió como "una de las historias de amor más simpáticas y más maravillosas desde hace años."

Por su parte, Hayek ha dicho que considera a

Fools Rush In como una oportunidad de devolverle algo a los Estados Unidos, el país que le ha dado tanto. Ese regalo es una lección sobre los valores familiares que han formado su vida— unidad y el apoyo familiar. Hayek también piensa que es importante para que la audiencia norteamericana vea qué cariñosas son las familias en su cultura, física y verbalmente: "No tememos tocar, no tememos decirle o enseñarle a un miembro de la familia cuánto le quiere".

Hayek ha dicho que, en su opiñión, *Fools Rush In* triunfó en presentar un retrato más completo, más complejo y más realista de cómo es la vida de la familia mexicana-americana, en vez de lo que se ve normalmente en las películas norteamericanas.

Fools Rush In funcionó porque Salma Hayek hizo que funcionara. El director Andy Tennant ha dicho, "Ella es rápida como el rayo, entiende lo que es un personaje y porqué las personas hacen ciertas cosas y no otras, que es el subtema de la película". Es ella la que hace que esta historia de amor sea creíble. Con su éxito en *Fools Rush In*, ha alcanzado un nuevo grado de popularidad, reconocimiento y fama. Se podría decir que esta película sirvió de plataforma de lanzamiento de su carrera como actriz *mainstream*, que arrancó después de su éxito como Isabel en más direcciones de las que la ex estrella de telenovelas podría haber imaginado.

54 (1998)

A finales del verano de 1998, Miramax estrenó *54*, una película sobre la conocida discoteca de moda de Nueva York en los años 70. Salma trabaja junto a Mike Myers y Neve Campbell y Ryan Phillippe en esta película que trata de los excesos y la decadencia de finales de los años setenta. El propósito del escritor-director Mark Christopher al rodar esta película era explorar el fenómeno cultural de Studio 54 en la cima de su popularidad y ver como las cosas han cambiado desde entonces. "Traspasar esas puertas, pasar las cuerdas de terciopelo, dejabas tu vida al lado el momento que cruzabas la puerta, abandonabas todas tus inhibiciones, todo era posible". La buena vida, sin embargo, tenía sus desventajas. "La desventaja era que la gente no veía hacia dónde iban—y a la larga esto significó la cárcel para algunos y la adicción a las drogas y el SIDA para otros", continúa. A aquellos que vivieron esa época, la película proporciona la oportunidad de mirar hacia el pasado y a la gente joven, les permite ver cuánto han cambiado las cosas hoy en día.

La película de Christopher se trata de Shane

O'Shea (Ryan Phillippe), un chico de dieci-
nueve años de clase modesta de Nueva Jersey,
que va en su coche a Manhattan una noche con
varios amigos. Se colocan en la acera enfrente
de Studio 54, esperando desesperadamente que
alguien los elija entre la muchedumbre para in-
vitarles a entrar. Shane es el único del grupo
que lo logra, con la condición, claro está, de que
se quite la camisa. Encantado, él acepta y entra
en el deslumbrante y seductor mundo de las dis-
cotecas de Nueva York. Shane, que atrae la
atención de Steve Rubell (Mike Myers), pronto
se convierte en uno de sus favoritos. Su rápido
ascenso de ayudante de camarero a barman a
favorito de la casa es fulgurante, y pronto está
viviendo la vida por la vía rápida. Neve Campbell hace el papel de una famosa actriz de telenovelas, Julie Black, que también comparte el
amor de Shane.

Salma Hayek hace el papel de Anita, una ex-
travagante y ambiciosa chica de guardarropa
que está casada con un ayudante de camarero
llamado Greg, protagonizado por Breckin
Meyer. Pero su verdadera meta es ser cantante,
y ve su trabajo en Studio 54 como una oportunidad para ser descubierta. La película sigue
la vida del personaje interpretado por Hayek y
de cómo ésta se entremezcla con las de Shane
y Rubell. *54*, que describe los extravagantes ex-

cesos de la última parte de los años setenta, es el retrato de una época caracterizada por el libertinaje, la temeridad y una indiferencia total a sus posibles consecuencias.

La labor de Hayek con su personaje fue muy importante para captar el espíritu preciso. Christopher ha creditado a Hayek con la, "idea de que Anita cambiara de apariencia para llamar la atención de los productores discográficos que le entregaban sus abrigos. Capta la juventud de su personaje—una joven que de verdad quiere algo pero que no sabe lo que esto conlleva".

Aunque las críticas de *54* no fueron muy buenas, la película es entretenida para el que quiera revivir—o visitar por primera vez—una época en la que reinaba el exceso, la decadencia y todo lo que relucía. Salma Hayek no defrauda como la chica latina del guardarropa. Su exótica belleza y atracción física brillan de nuevo y seguramente deleitarán a sus admiradores.

El estreno de *54* se celebró en Mann's Chinese Theater en Hollywood. Salma fue con sus co-estrellas Mike Myers and Ryan Phillippe a la fiesta después, que tuvo lugar en Raleigh Studio's soundstage 5, que habían decorado aquella noche exactamente como la discosteca famosa. Los camareros llevaban pantalones cortos de satén y playeras, y Thelma Houston cantaba las canciones favoritas de la era *disco* a las muchedumbres.

5

Salma Sobre la Belleza

Aunque prefiere que la reconozcan por sus películas y por su talento como actriz, no se puede negar que fue la belleza de Salma que contribuyó en gran parte a los primeros triunfos y hasta su triunfo más reciente, como portavoz de Revlon, la compañía de productos cosméticos. Con su espectacular belleza y una figura que atrae mucha atención, no es sorprendente que a Salma la llaman con muchos papeles para actuar. Puede ser que ella sepa lo bella que es (o por lo menos lo bella que los demás la juzgan), pero no está totalmente tranquila con esa imagen de sí misma. Como le dijo a *InStyle*, "Me veo en el espejo y veo una chica conocida y amistosa. "Yo no digo, 'Oh qué chica!' ". Es mejor decir que hasta han habido días que le desagrada tanto lo que ve que grita "como el niño en la película *Home Alone* (Solo en casa)".

Pero en lo general, ella ve una imagen conocida devolviéndole la mirada.

Hasta cuando sale en público no suele usar maquillaje y se pone ropas que le queda cómoda, lo cual sorprende a muchos aficionados. ''Me pregunto si ellos me quedan mirando con incredulidad porque no pueden creer que soy yo'', ella ha dicho. Pero con o sin maquillaje, su belleza brilla al cruzar la puerta de cualquier cuarto que entre.

Puede ser difícil creer que Salma no cree en el concepto del cuerpo ideal. También duro de creer es que a ella no le gusta el cuerpo que tiene. Pero no está obsesionada en cambiar los aspectos de su cuerpo que piensa que necesitan un poco de arreglo. Para *Eonline!* Salma explica, ''No estoy de acuerdo con el concepto de que uno tiene que vivir para tener el cuerpo ideal. Creo que es triste estar metida en un gimnasio todo el tiempo. A menos que los ames, pero yo no los amo, pues ¿por qué debo ponerme a pasar tanto dolor y tormento de hacerlo?''

Hayek odia la obsesión que existe en Los Angeles con el gimnasio. Ella prefiere otras formas de ejercicio para mantenerse en forma—ejercicios que sean más entretenidas que ir a un gimnasio lleno de gente. ''La idea de ir a un gimnasio lleno de personas que están sudando y respirando su sudor a la misma vez de estar llevándose a un doloroso agotamiento . . . Yo no lo entiendo," le dijo a la revista *Los Angeles*. "Yo camino en la playa o doy un paseo en bicicleta o brinco alrededor de mí casa, pero no participo en esa histeria colectiva". Además ella encuentra toda la "cultura del gimnasio" aburrida, algo que requiere mucho tiempo. Por lo tanto, aunque siente que hay algunas partes de su cuerpo que sí requieren trabajo, rechaza la idea de tener que someterse a ese clase de castigo. Como le dijo a *Eonline!*, "Yo no creo que seré bella eternamente pero sí estoy feliz conmigo misma. Y no voy a estar obsesionada con la forma en que me veo." Es ejemplo en que muchos pueden aprender y una saludable y balanceada manera para mantenerse en forma—física y mentalmente.

Salma sí tiene que vigilar lo que come para poder mantenerse en forma, especialmente por su tamaño de solamente 5'2". Parece tener suerte ya que come todo lo que quiera y no cuenta las calorías. Pero sí trata de comer menos de cada cosa y preparar las comida con poca grasa. Al fin y al cabo es humana y aunque no cuenta calorías, sí en algunos momentos, ha subido una libra o dos—como todos hacemos de vez en cuando. Si llega a medir 110 libras, es tiempo de coger medidas drásticas. "Si eso sucede," ella ha dicho. "Corre lejos de mí. Estaré bien irritable. Si subo una libra o dos, no como la cena un par de días."

Su pasmoso aspecto sexy le ha dado a Salma un lugar en los rangos de portavoces para la compañía Revlon, junto a Melanie Griffith, Cindy Crawford, Halle Berry, Daisy Fuentes, y Claudia Schiffer y otros. Hayek promueve el nuevo esmalte de uñas que seca rápidamente llamado "Top Speed," de Revlon. Los anuncios correrán en cinco continentes. Los detalles del contrato no fueron publicados pero fuentes de información han revelado que Hayek recibirá un salario de seis figuras por cada año que trabaje para Revlon. En su nuevo papel, Salma contó a *USA Today,* que "Sus productos son para todas las mujeres, latinas, afro-americanas, y todas las que se encuentren en el medio".

Michelle Zubizarreta, vicepresidenta de la firma de publicidad Zubi Advertising, ayuda a explicar el significado del papel de portavoz de Salma en la revista *Cristina.* "Como Salma Hayek cruzó la frontera al cine norteamericano con éxito, igual lo pudo hacer a los comerciales en TV promocionando esmaltes de Revlon."

Otras estrellas latinas han hecho lo mismo: Jimmy Smits y Daisy Fuentes con sus bigotes de leche; Jennifer López para Coca-Cola y

L'Oréal; Ricky Martin y la supermodelo argentina Valeria Mazza para Pepsi.

El papel de Salma en Revlon, sin embargo, será más que simplemente promocionar los cosméticos. Revlon está involucrado en otros asuntos de mujeres también, como la lucha en contra del cáncer de seno y de ovario. "Revlon's Run/Walk for Women" es un gran ejemplo del trabajo que ellos hacen para las causas que son importantes para las mujeres de hoy y de la promoción que hacen para generar interés en estos asuntos importantes. Estos aspectos de su nuevo papel son bien importantes para Hayek, quien ha dicho que se siente orgullosa de poder contribuir a causas tan dignas. "Es una gran oportunidad para poder estar involucrada en un proyecto que ofrece inspiración y satisfacción, la búsqueda de una cura. Revlon está comprometido con varios asuntos de mujeres, y el Run/Walk me es una gran forma para salir y aumentar el conocimiento entre la gente". Pues los aficionados ahora pueden darle un vistazo a Salma no solamente en la pantalla grande, pero también en los anuncios de revistas y televisión, y eso es sin mencionar todos los eventos especiales patrocinados por Revlon en los que indudablemente Salma tomará su parte.

6

Salma Sobre la Moda

Vestirme bien "es una manera de mostrarle al público mi aprecio y respeto", dijo Hayek en su "Fashion Diary", que fue publicado por la revista *People*. "Es como cuando sales a una cita con un hombre de quien estás locamente enamorada. Haces un esfuerzo".

Y su sentido de estilo no se ha ido sin ser reconocido por los críticos y los diseñadores. Ella hace una gran entrada en cada evento al que asiste, y todos los diseñadores más grandes están detrás de ella para que lleve sus creaciones. Cuando está haciendo una entrada a un estreno de una de sus propias películas o cuando está presentando un premio, Hayek brilla elegancia, originalidad y belleza—no importa lo que tenga puesto. Tiene un ojo para lo que funciona y escoge con cuidado para que el traje que selecciona sea apropiado para la ocasión. Es más, sus instintos de la moda han hecho un *splash* tan grande que el más temido y más venerado zar de moda, el señor Blackwell, incluyó a Salma en su lista de las diez mujeres más elegantes del año pasado. Estaba en la buena compañía de Anne Heche, Roma Downey, Jada Pinkett, Courtney Love, Demi Moore, La vizcondesa Serena Linley, Nicole Kidman, Toni Braxton y Lisa McRee del programa "Good Morning America". El señor Blackwell reconoció a estas mujeres como las diez "más fabulosas e independientes de la moda" del año 1998.

Hayek admite que no es fácil encontrar el traje perfecto por su tamaño 5, 5'2", porque es pequeña en algunos lugares y no tan pequeña en otros. Pero escoge cuidadosamente para poder enseñar sus mejores bienes. Ella divide sus trajes en dos categorías: "Con pecho y sin pecho", Salma explica, riéndose. Haciendo una afirmación de moda es también importante para Salma porque quiere disipar el mito común "que todos los mexicanos tienen un sombrero y un burro. Me encanta mostrar que nosotros también tenemos un buen sentido de estilo".

Los instintos de moda de Salma Hayek corren la gama de elegante y sofisticado a sexy y juguetón, todo según el tono de la ocasión. Aunque escoger los trajes es difícil, el trabajo no termina allí. Hayek puede recordar cada incidente relacionado con casi todos los trajes que se ha puesto—si fue casi un desastre, un problema de alteración de último minuto—en fin, cualquier problemita que le ha pasado.

De todos los trajes que se ha puesto, el que ha hecho la impresión más duradera en el mundo de la moda y con el público ha sido el que usó para la fiesta de cumpleaños de Elizabeth Taylor, lo cual también fue un evento para beneficiar el SIDA. Llevó un vestido sin tirantes color naranja del diseñador Danny Weiss con cola y un chal blanco. Como el vestido le quedaba grande, el diseñador tuvo que coserle el traje al cuerpo. Docenas y docenas de personas pisaron la cola. Cuando regresó a la casa tuvo que desperatar a a su hermano Sami para que se lo cortara para poder quitárselo.

También cayendo en la categoría de elegante y atractivo ''con pecho'' fue el traje que usó para el estreno de la película *Fools Rush In*. Hayek quería usar algo blanco ya que cree que lo blanco trae buena suerte. Pues se puso un traje blanco de Giorgio Armani y de nuevo usó un chal blanco, hecho por el estilista. Pero blanco no resultó ser el color de buena suerte, por lo menos esa noche. Iba al baño cuando se encontró con una de sus co-estrellas, Jon Tenney, alzó sus brazos para abrazarlo, y uno de los tirantes se rompió. Por suerte Stephen Baldwin, quien es un buen amigo de Hayek, tuvo la casualidad de aparecer en ese momento. Hayek corrió hacia él en pánico, diciéndole lo que le había pasado. Sin saber qué hacer y sin querer causar un escándalo, se sentó donde ella estaba. Pero quince minutos después, Stephen le trajo un imperdible. Salma nunca supo de dónde lo sacó, pero lo usó el resto de la noche.

La primera vez que Salma presentó un premio, que fue para la ceremonia de los "Cable ACE Awards" de 1996, ella recuerda haber tenido un problema con su bello traje a última hora. Unas semanas antes, había escogido un vestido color rosado del diseñador Richard Tyler "con pecho". Le añadió un rebozo mexicano porque le quería poner un toque tradicional al traje, pero cuando fue a ponérselo el día del show, el traje se le estaba cayendo. Como estaba viajando mucho y casi no estaba comiendo, había rebajado unas libras. Y como es tan pequeña, "unas cuantas libras que rebaje hacen una gran diferencia". Pues ¿qué hizo? Se puso cinta adhesiva alrededor de sus hombros. Después del evento lo devolvió a la sala de muestras. "Era enorme. . . . Donde más iba a usarlo? Al supermercado?"

Otras decisiones de moda que hace Salma Hayek reflejan su naturaleza juguetona y coqueta, como la falda y camisa que usó para el estreno de la película *Batman and Robin*. Según el "diario", ella compró este vestido en un capricho en la tienda de Libbie Lane. Lo que la atrajoera la falda, pero le quedaba grande, y se la puso alrededor de su cadera. La camisa era un chal, pero la dobló en forma de un "halter top". Sin embargo, no trabajó exactamente como había pensado. "La falda seguía subiendo, pues tenía que estármela bajando a cada rato," le relató a *People*. "Y los fotógrafos me seguía pidiendo que me alzara el pelo, y temía que se me iba a mover el chal".

Otra decisión de moda que Hayek tomó para conformarse a la ocasión fue el mono de Armani que usó para los premios Independent Spirit Awards. Ya que Hayek no quiso ponerse algo muy chillón o sexy, seleccionó el mono para enseñar más espíritu y menos piel. El traje tenía originalmente un escote bajo pero Hayek lo cosió porque le gustaba la idea de enseñar "más espíritu y menos cuerpo". Todavía logró un parecer sexy y elegante en este divertido y reluciente mono.

Una ultima decisión de moda que vale ser mencionada es el traje que Salma usó para la ceremonia de los MTV Movie Awards de 1997. Una vez más, sorprendió a los fans y al público luciendo un encantador vestido colorado que tenía una larga cola. El traje fue otra creación de Libbie Lane, como su espontánea ropa que usó para el estreno de *Batman and Robin*. Esto fue una declaración atrevida por parte de Salma, quien sabía que la mayoría de las personas que iban a esta ceremonia usaba ropa menos formal. "Yo quería que los fans jóvenes vieran algo más que mini faldas de cuero, ojos humeados y el parecer de heroína".

Salma Hayek tiene una idea acertada de lo que le gusta y cuándo le gusta. Ella sabe cuándo debe de ser sexy, cuándo verse sofisticada, cuándo ser coqueta y cuándo ser divertida y jugadora. Ella usa la ropa para sorprender al público, para jugar con ellos, complacerlos. Invierte tiempo en lo que lleva y cómo lo lleva ya que considera esto como parte de su papel como estrella de películas de Hollywood. Pero con un simple pero elegante toque como el del rebozo mexicano, esta diva de Hollywood nunca nos deja olvidar quién es.

"He realizado un esfuerzo consciente para dedicarle tiempo y esfuerzo," dijo a *Elle*. "No sólo porque es creativo para mí, pero también para romper un poco la imagen de los mexicanos como gente cursi, vaga, sin gusto y sin estilo. No somos así. Es importante para mi demostrar que no llevamos huaraches y sombreros todo el día."

SALMA HAYEK

Con su estilo refinado y atrevido a la vez, con los toques finales y femeninos de joyas, accesorios y detalles, Salma ha devuelto el *glamour* a Hollywood.

7

Salma Sobre el Amor

No viene como sorpresa que Salma Hayek aparece en muchas listas, incluyendo las encuestas de la revista *Men's Fitness* de las Diez Mujeres Más Deseadas (Ten Most Lusted After Women). Por este honor ella se unió a la bella compañía de Pamela Anderson Lee, Demi Moore, Jenny McCarthy, Carmen Electra, Cindy Crawford, Tyra Banks, Sandra Bullock, Jennifer Aniston, y Shania Twain. Con su mirada sensual y manera coqueta, uno puede suponer que probablemente consigue lo que quiera, cuando lo quiera. Pero Salma no tarda en señalar que las cosas no son así. Si su belleza, inteligencia y ambición han asustado a muchos admiradores o no, Salma Hayek no ha tenido "suerte en el amor".

En una entrevista con la revista *Axcess* en 1996 ella sinceramente reveló, "mis instintos están un poquito fuera de línea en cuanto al amor. Se me ha partido el corazón unas cuantas veces, pues estoy un poquito sospechosa del amor. O escojo a un hombre que está mal para mí, o un hombre que es bueno, pero a mal tiempo. ¡Posiblemente sea desdichada!''

De hecho, Hayek ha estado comprometida cuatro veces. Su noviazgo más largo antes de comprometerse duró un año y medio. En algunos casos le han pedido matrimonio después de tan sólo una semana. Pero ella sabe que tales propuestas no son genuinas, por lo menos si no te dan un anillo. Ella aceptó las cuatro veces porque sintió cada vez que era una gran idea. Pero más tarde se dio cuenta que no era la cosa correcta para ella. Ella atribuye parte de esto a su edad, pues tenía solamente dieciocho años la primera vez. Pero muchos compromisos no borran la verdad de que a esa belleza se le han roto el corazón unas cuantas veces. Cuando le preguntaron en el *Late Late Show With Tom Snyder* si alguna vez ella podría decir una cosa—en el amor o la carrera—que no había conseguido, ella respondió, ''Si, en el amor''.

Salma también se da cuenta que, sin embargo, estas relaciones tenían que sobrevivir su horario lleno y su ambición, dos cosas que no facilitan una relación. En una semana, ella puede estar un día en una ciudad, el próximo a cien millas de allí, dos días después en otra ciudad, en los próximos días que le sigue puede estar en la costa este, depués regresar a Los Angeles por un día y de allí viajar a México. Como Hayek ha dicho, ningún estudio fílmico va a pagarle un pasaje para que el novio la compañe, y ningún novio puede estar siguiéndola así, o por lo menos por mucho tiempo. Y para acabar todo eso, "Después cuando todo está terminado le digo 'Amor, perdóname. Tengo que pasar tres meses haciendo una película con Antonio Banderas. Después regresaré.' Dígame quién va a soportar todo eso, y yo le llamaré ahora mismo".

¿Qué es lo que Salma Hayek busca en un hombre? Talento. "Yo creo que es la cosa más sexy de todo el mundo". También le gusta que sus hombres sean divertidos, aventureros, y cómicos. "Pero no me gustan los que sean muy cómicos. Siempre tienes que estar riéndote con sus chistes. Me pone nerviosa".

También busca una cualidad muy básica en cualquier hombre con quien sale—quiere un buen hombre que la respete. Le dijo a la revista *InStyle* "Me gustan los hombres que sean simpáticos. No suena como una cualidad sexy, pero después de ser herido tantas veces, se hace importante. Me gustan los hombres que respeten a las mujeres y hombres que no tengan miedo de reirse de si mismos. La apariencia física de verdad no le importa—hasta admite haber salido con alquanos "feítos"—pero tampoco duele si el hombre es guapo. Pero como sea para poder ganar su confianza, el hombre "tiene que mostrar a todo tiempo que le quiere".

La opinión de Salma sobre las relaciones de los años noventa es que las personas quieren estar analizando y controlando todo lo que hace la otra persona. Para Hayek, ésta es una terrible situación: "Quieres ser tan 'sano' que no lo eres". Ella cree que las personas deben dejar de analizar todo el tiempo, y que esto llevará a una mejor relación y una vida más saludable. Para Salma, lo más importante en una relación es aceptar a la persona tal como es, no tratar de cambiarla o hacerla a su manera, y no enfadarse porque no es como uno quiere que sea. "Yo dejo que las personas me afecten por lo que son en vez de buscar otras cosas".

Por todos sus compromisos, corazones rotos y oportunidades perdidas, Salma Hayek parece haber encontrado el mejor hombre para ella. Conoció su novio actual, el actor inglés Edward Atterton, durante el rodaje de *The Hunchback of Notre Dame (El jorobado de Notre Dame)* en 1996. Hasta aquel momento Salma pasó cuatro años sin estar en una relación. Piensa que esta vez el tiempo está a su favor. "He tenido experiencias horribles con hombres. Me siento como que hubiera pagado mis deudas," Salma le dijo a la revista *InStyle*. Ahora está orgullosa de decir que ha pasado la marca de nueve meses con Edward (desde enero del 1998), quien se ha transladado a Los Angeles para darles más tiempo juntos mientras los dos siguen con sus respectivas carreras.

Habiendo casi totalmente desechado la idea de matrimonio, tras tantos fracasos amorosos, parece estar reconsiderando. Muy importante para Salma es la confianza, y eso parece estar haciendo que la relación funcione. Ella le dijo a la revista *Elle*, ''Confío en él y tenemos una maravillosa combinación de histerias''. Después de haber dicho hace dos años que no se casaría hasta que se ''encuentre un hombre que tenga más cojones que yo'', recientemente le dijo a *Mr. Showbiz*, ''Edward probablemente es el hombre. El tiene más cojones''. Hasta admitió haber hablado con él de matrimonio y añadió, ''pero vamos a ver lo que pasa.''

''No tengo ninguna prisa de casarme,'' dijo más recientemente a la revista *Cristina*, contestando los chismes constantes de que se hayan casado o de que se vayan a casar en secreto. ''Existe [la clase de] mujer que se casa por demostrarle al mundo que un hombre ha prometido amarla toda la vida. Otras, por satisfacer una necesidad social. Yo sé que [Edward] me ama como nadie. Yo pienso en el matrimonio sólo cuando vaya a tener mis tres hijos.''

Por lo tanto, cuando por fin se case, sus niños no deberán tardar mucho en llegar.

8

Proyectos Futuros

Considerada, al principio, como tan sólo una reina erótica y reconocida por sus cortas pero inolvidables apariciones en sus primeras películas, Salma Hayek está haciendo la transición a una verdadera estrella de Hollywood no sólo por su seductor atractivo y no sólo por su talento como actriz, sino también por ser una buena negociante y por saber cómo tratar a la gente. El futuro de Salma brilla más fuerte que nunca, con papeles de protagonista en no menos de cinco películas. La fuerza y dedicación detrás de esos ojos grandes y oscuros y su naturaleza coqueta la han puesto en la mira de Hollywood.

Vincent D'Onofrio, el actor con quien comparte la pantalla en *The Velocity of Gary (La velocidad de Gary)*, le dijo a la revista *Elle*, "Le ha sido difícil obtener la oportunidad de hacer papeles de verdaderos personajes, pero yo no

SALMA HAYEK

creo que será así de ahora en adelante". Ella ha sido destacada como una actriz seria, inteligente y sexy, y ahora es una de las actrices más solicitadas de Hollywood. Afortunadamente, sus admiradores van a ver mucho de Salma este año y en los años que siguen.

Los resultados del apretado programa de trabajo de Salma pronto saldrán a la vista de todos en los teatros. Ha terminado su trabajo en la comedia romántica, *The Velocity of Gary,* una historia de amor dirigida por Dan Ireland. Ella co-protagoniza en esta película con Vincent D'Onofrio y Thomas Jane. Salma desempeña el papel de Mary Carmen, una camarera que está enamorada de un ex-actor de películas pornográficas quien, a su vez, está enamorado de otro hombre. Según D'Onofrio, Salma sintió que su papel en este triángulo amoroso presentaba un enorme reto, pero al final acabó sorprendiendo a todos. "Creo que Salma encontró el personaje difícil al principio, pero nunca la he visto actuar de esta manera".

Hayek estaba muy involucrada en esta película aun antes de haber empezado el rodaje. Para poder ayudar a Ireland obtener el sobrante de los fondos que necesitaba para empezar el trabajo en la película, Salma hizo una llamada y todo estaba resuelto. "Sin Salma no habría podido hacer la película. Ella podía haber sido una ejecutiva de un estudio si no fuera actriz", le dijo Ireland a *Elle*. Su importancia para esta película fue más allá que la de una actriz, ya que ella es uno de los responsables de que la película se haya hecho. Una vez más, vemos algo que le destaca a Salma: siempre sobrepasa las expectativas.

También se podrá ver a Hayek en la película *Dogma*, dirigida por Kevin Smith (*Clerks*, *Chasing Amy*). En esta comedia de tema sobrenatural, Hayek forma parte de un elenco de estrellas que incluye a Ben Affleck y Matt Damon (*duo* famoso por su película *Good Will Hunting*), Linda Fiorentino, Alanis Morissette y Chris Rock. *Dogma*, que costó cinco millones de dólares, se trata de dos ángeles asesinos, interpretados por Affleck y Damon, que son expulsados del cielo. Es una sátira religiosa que, según Affleck, "provocará al público". Affleck imperturbablemente le dijo a Mr. Showbiz, "Hay cosas que son claramente incendiarias". La película, sin duda, dará mucho que hablar tanto por su contenido como por sus famosos protagonistas, incluyendo a Hayek que interpreta el papel de Serendipity. Affleck opina que a pesar de la polémica la película pueda despertar—o tal vez debido a ella—seguramente será un éxito. "Es una de las películas más originales, divertidas, inteligentes e interesantes que he hecho," él dijo, "Tengo grandes esperanzas. Pienso que tiene un potencial parecido al de *Pulp Fiction*''.

Salma Hayek también consiguió el papel de protagonista femenina de la película de Warner Brothers *The Wild Wild West (El salvaje oeste salvaje)*. Basada, en parte, en la serie de televisión de los años sesenta del mismo nombre, Salma actúa en esta película dirigida por Barry Sonnenfeld (*Men in Black*) con otros famosos astros de Hollywood: Will Smith, Kevin Kline y Kenneth Branagh. Sin mirar la película, el reparto por si solo garantiza éxito. De nuevo Salma se ve envuelta en un triángulo amoroso, esta vez su personaje, Rita Escobar, se debate entre dos agentes del Gobierno, James T. West, (Smith) y Artemus Gordon (Kline), un experto en disfraces. Kenneth Branagh hace el papel de malo.

Salma disfrutó mucho durante el rodaje de *The Wild Wild West* que se rodó—por lo menos en parte—en el pueblo de Cook Ranch, Nuevo México, veinte milas al sur de Santa Fe. Le pareció encantador y divertido trabajar junto a Will Smith. El animado temperamento de Smith era contagioso y durante el rodaje mantuvo a todo el mundo lleno de energía y de buen humor. Salma le dijo a Mr. Showbiz que todos los días Smith tenía al reparto entero cantando. ''Nunca he visto tanta energía,'' ella dijo. Podremos ver a Salma en *The Wild Wild West* el fin de semana del cuatro de julio de 1999.

Aunque entusiasmada por su éxito y por su participación en estas películas, Salma Hayek está más emocionada por su próximo proyecto, *Frida*, en el que interpreta el papel de la artista mexicana e ídolo cultural, Frida Kahlo. Salma tenía mucho interés por interpretar a Frida, y opinaba que como actriz mexicana ella sería la elección lógica. Salma declaró a la revista *In-Style*, ''Hice unas pruebas hace un año y medio, dos años. Entonces se abandonó el proyecto y el director se lo llevó a otra parte. Cuando hice las pruebas primero me dijeron que no querían hacer la película con una persona que no fuese mexicana pero que no había ninguna mexicana suficientemente famosa para hacer el papel.'' Así que al principio no la eligieron. Hubieron rumores que Madonna y Laura San Giacomo fueron consideradas para el papel de Kahlo. Pero eventualmente el director volvió a Salma y le ofreció el papel. Ahora Salma le contestó, ''Si ahora usted quiere que haga el papel, tengo que producir la película''. No dejando pasar una oportunidad, Salma jugó y salió ganado no sólo el papel de protagonista sino el papel de co-productora de la película.

Mientras tanto, se empezaba a hablar de hasta qué punto se sacrificaría el actor Edward James

Olmos para interpretar el papel de Diego Rivera (el esposo de Kahlo y el gran muralista mexicano) en la película. Olmos había subido de peso para interpretar a Abraham Quintanilla, Jr. en la película *Selena*, pero para llegar al peso de Diego Rivera, tendría que subir unas 120 libras. "Si lo hago, lo haré con un peso razonable", él dicho, negando a engordar lo mucho que tendría que engordar para pesar lo que pesaba Rivera.

Esta película, producida por Trimark Pictures, se basa en el libro de Hayden Herrera, *Frida: A Biography of Frida Kahlo*. Empezó a rodarse en Nueva York, París y México en febrero de 1999. Salma cree que será favorable para su país, porque "*Frida* representa un época de México cuando el arte y la política se entrelazaron, cuando la gente no tenía miedo de expresarse. Esta historia puede ser increiblemente alentadora". La dedicación de Salma Hayek a *Frida* es inquebrantable: ha anunciado que usará todo el dinero que gane en esta película para establecer un programa de becas para jóvenes artistas en México. Según la revista *Entertainment Weekly*, Salma está formando una fundación que llevará el nombre de Kahlo para promocionar a los jóvenes artistas en su país.

El alcance de Salma parece extenderse con cada película que rueda y la reina del glamour convertida en actriz de Hollywood ahora se interesa por la producción de películas. No se siente satisfecha con solamente protagonizar y aceptar la dirección de otros ahora; Hayek quiere producir y decidir qué películas se hacen. Su cálida personalidad y su habilidad de trabajar con todo tipo de personas y situaciones le otorgan un temperamento especialmente adecuado para este tipo de trabajo en la industria del cine al que ahora parece dirigirse. "Soy muy paciente y exigente," dijo Salma, "porque así me exijo yo." Quiere impartir respeto en vez de miedo. Es un talento auténtico que inspira en la pantalla grande y fuera de ella, también.

Con su carrera cinematográfica a toda marcha y su nueva compañía productora, Salma podría creerse que "ha llegado". Sin negar que se ha convertido en uno de los personajes más solicitados de Hollywood y que ha conseguido triunfar en su carrera, Salma, sin embargo, opina que todavía no ha alcanzado todas sus metas. Cuando le preguntaron cómo mide el triunfo, Salma respondió, "Por lo menos veinte años de trabajo contínuo. Y aun así, no se trata de una película. No se trata de dos películas. Quien piense que haya triunfado—no importa lo famoso que sea—si es antes de los sesenta años, está equivocado. . . . Aun si consigas un Oscar, qué pasa si no vuelves a trabajar? Vas a besar la estatuilla de Oscar en tu tiempo libre? Pienso que has triunfado si cuando tienes setenta años y miras hacia atrás ves una vida honesta de la que te puedes sentir orgulloso y si, además, dejaste tu marca en el mundo con hijos, nietos y muchas buenas películas. Con la carrera de Hayek disparándose y con su ambición más fuerte que nunca, se puede decir sin miedo a equivocarse que probablemente no defraudará ni a sus admiradores, ni a sí misma.

9

Salma—un SÍMBOLO de la Identidad Mexicana

Después de haber luchado para triunfar y tras todos los obstáculos que ha tenido que sobrepasar, Salma Hayek—la muchacha de Coatzacoalcos—ha llegado a la cima, en gran parte, debido al constante apoyo de su familia y de la comunidad mexicana, quienes han creído en ella desde el principio. Ella está extremadamente orgullosa de su herencia mexicana y se ve como un símbolo de la identidad mexicana. Ser llamada una "minoría" le resulta especialmente repugnante; tampoco le gusta ser categorizada como una "latina" o una "hispana". Esos términos simplemente no le trae importancia a ella. Por lo que se refiere, "Soy la misma ahora que cuando vine a este país por primera vez— una actriz mexicana".

Salma tiene gran cuidado cuando se trata de representar su país porque lo quiere representar en la mejor forma posible. Ella quiere romper algunos de los estereotipos de los mexicanos que existen en los Estados Unidos para que su gente sea visto como realmente es, y para que así más mexicanos tengan más oportunidades en la industria. Aunque no ha sido fácil para Salma, ella ha roto algunas de esas barreras y como un modelo ideal y símbolo de todos los mexicanos, ha abierto las puertas para la próxima generación.

Aunque dejó su país en busca de sus sueños, Salma se ha mantenido intensamente leal a México, tanto al nivel emocional como profesional. Vive con su hermano Sami, quien es un exitoso diseñador ambiental. Habla con sus padres casi todos los días por teléfono, más sobre lo que está pasando en su vida romántica que sobre los chismes de Hollywood, qui ni a ella ni a sus padres le tienen ninguna importancia. Sus padres también la visitan a menudo en Los Angeles.

Salma también se siente cerca a los mexicanos porque la han apoyado por muchos años antes de que se convirtiera en estrella internacional. Aunque las verdaderas oportunidades están con las películas de los Estados Unidos, Salma está todavía comprometida a hacer películas mexicanas. Desde que ha estado en Hollywood, ella ha regresado a México para hacer la película *El callejón de los milagros*, *El co-*

ronel no tiene quien le escriba, y las telenovelas "El vuelo del águila," y regresará cada vez que haya buenos papeles. Como un símbolo de una generación, Salma Hayek cree en quién es y de dónde viene, y seguirá a devolver lo que puede a su gente mexicana cada vez que pueda.

La única cosa que Salma Hayek cambiaría en su vida ahora mismo es la actitud en la industria cinematográfica de Hollywood con respeto a los mexicanos. No tarda en señalar que aunque ha adquirido alguna forma de éxito, los mejores papeles todavía van a los actores no hispanos. Cuando estaban buscando el reparto para la película *The house of the spirits (La casa de los espíritus)*, ella no pudo audicionar. Ella dijo a la revista *InStyle*, "que a los ejecutivos de los estudios les cuesta darle los papeles de mujeres inteligentes. En una reciente audición, un ejecutivo le preguntó "¿Cómo va a creer la audiencia que alguien de México podría ser una editora de una revista de moda?" Su repuesta fue. "Si yo no quisiera ser una actriz y quisiera ser editora, ya sería la editora de *Vogue*."

Salma se daba cuenta de que no le daban papeles inicialmente porque era extranjera y, posiblemente porque era mexicana. Ella le dijo a la revista *Elle*, "Soy mexicana, y los mexicanos son probablemente las personas menos bienvenidas en este país. Encima de eso soy mujer. Y

encima de todo eso alguien me regaló esta condición de símbolo sexual. Yo no era ningún
símbolo sexual en México''.

Salma ha roto todos estos estereotipos, gracias a su persistencia en no aceptar ''no'' como
respuesta. Ahora a ella le ofrecen papeles principales que prueban que ella ha trascendido la
barrera. Salma se mantiene firme en su lucha
para ser reconocida como una actriz y no como
una ''actriz hispana'', con todas las imágenes
negativas que conlleva en Hollywood. Salma
dice que está afortunada por poder dejar papeles
que no promuevan su carrera. Ella también le
dijo al periódico mexicano *El Universal*, ''Tampoco aceptaría un papel donde tenga que darle
vida a una mujer latina que es explotada o min-
imizada.''

Han habido esfuerzos de Hollywood de tratar
de penetrar el creciente mercado hispano por
encontrar y desarrollar nuevas estrellas latinas.
(Según la asociación cinematográfica de los
EE.UU Motion Picture Association of America,
un quince por ciento del dinero gastado en los
cines de los Estados Unidos en 1997 fue por
latinos—un aumento de veintidos por ciento de
1996.) Sin embargo, estas nuevas estrellas no
parece haber funcionado muy bien, mayormente
porque ellos, los ejecutives que toman las decisiones en la industria del cine, han escogido ac-

tores nacidos en los Estados Unidos y México o algún otro pais latinoamericano), y por lo tanto no hablan el español muy bien y no parecen latinos. Por lo opuesto, Salma es la cosa real; ella ha tenido el apoyo de la audiencia latina por una década, especialmente en su país natal. Como ha señalado "Las películas americanas en que yo salgo siempre son número uno en México." Salma cree que los estudios de Hollywood están "en el cruce donde pronto sabrán cómo atraer el mercado hispano."

Salma Hayek continuará representando a México orgullosamente y continuará peleando contra los estereotipos que han limitado a tantos actores latinos. Ella ha contribuido al progreso, abriendo caminos y preparando el terreno para que, se espera, otros actores puedan seguirle los pasos. La barrera latina puede ser menos fuerte como una vez fue, pero todavía hay mucho trabajo por hacer, y Salma continuará trabajando hasta el final. En su entrevista con *Elle*, Salma se acuerda de una anécdota cómica que ilustra la actitud de la industria. Un ejecutivo de películas se le acercó en una fiesta y le expresó lo sorprendido que estaba por lo lejos que ella había llegado después de la pelicula *Desperado*, y le preguntó cómo había logrado romper las barreras latinas. Su repuesta fue corta y al punto. "Pues, en realidad no fue difícil", respondió

Salma. "Ves, yo no soy la que está rompiendo la barrera latina, ustedes son los que la están rompiendo. *Ustedes* fueron quienes la pusieron, y ahora son los que la están desmantelando. Todo lo que yo tengo que hacer es seguir siendo la misma persona que siempre he sido."

Además de luchar contra los prejuicios contra los mexicanos y latinos en general que existen en Hollywood, Salma también está peleando con el establecimiento de su país desde su posición no oficial como el símbolo de la generación NAFTA. La generación NAFTA se refiere a una ola grande e independiente de jóvenes que surgió en México al mismo tiempo que surgió el tema del North American Free Trade Agreement. La generación NAFTA influye la política, la economía y la cultura mexicanas tanto como los "baby-boomers" influyen en los Estados Unidos. El movimiento empuja a favor de abrir la economía mexicana, y considera al gobierno responsable por la disparidad que está creciendo entre los pobres y los ricos. Salma Hayek ha sido una de las figuras más conocidas de este movimiento y, aunque la política no le gusta, no duda al momento de hablar en contra de su gobierno. El P.R.I. (el partido político que ha tenido el poder en México durante muchos años) controla virtualmente todo, incluyendo a Televisa, la compañía de televisión que había contratado a Hayek cuando trabajaba en las telenovelas. Salma decidió marcharse de Televisa, venir a los Estados Unidos para conseguir su carrera como actriz, y otros actores mexicanos decidieron dejar a Televisa para trabajar para la competencia.

Salma le dijo a *Time*, "Soy orgullosa de ser mexicana, pero nos han mentido demasiado. Este sistema puede vender a las personas, especialmente a las mujeres, muchos sueños que nunca pueden cumplir". Salma ha sido un modelo para otros en su generación, especialmente otras mujeres jovenes. Una joven le dijo a *Time* que había negado un trabajo muy cómodo del P.R.I, en favor de uno como reportera para una estación de radio independiente. Viendo a Salma, esta mujer vio las decisiones que su madre nunca vio. "Puedo hacer algo con mi vida en México más allá del P.R.I. o Televisa o todas esas otras cosas de ayer."

Salma sabe que es considerada la representante de la generación NAFTA, aunque se sienta más como compañera que líder. Pero sus metas son claras y están sirviendo como inspiración para otras mujeres mexicanas, para que miren hacia afuera del establecimiento para las oportunidades. "No debemos estar molestos con México", Salma dijo a *Time*, "nuestra generación debe de tener las oportunidades que nuestros padres no tuvieron, sea en la política o en la películas.''

Lo que sí es obvio es que Salma Hayek está subiendo hacia arriba y haciendo una gran contribución por el camino, rompiendo las imágenes estereotípicas y negativas con respecto a los actores latinos. Ella es una verdadera historia de triunfo y un modelo para todas las mujeres jóvenes, latinas o no. Su perseverancia y su rechazo de aceptar límites cuando se encuentra enfrentándase a todo tipo de adversidades— como mujer como mexicana, como un anglo hablante no-nativo, y como un símbolo sexual— han hecho que Salma alcance ser una estrella y la actriz latina más buscada de Hollywood. Mientras que ella ha capturado la atención del público por ser tan exótica, ha trascendido esa imagen y se ha convertido en lo que ahora es— una actriz con gran versatilidad emocional e inteligencia que va más allá de la belleza, y un miembro responsable de cada comunidad a la cual pertenece.

Salma credita el triunfo que ha tenido profesional y personalmente no a la suerte ni a la oportunidad, sino a la fuerza interior. En una entrevista con la revista *Axcess* reveló su secreto. ''Todo tiene que ver con escuchar a sí mismo y a quién eres en vez de sólo lo que quieres. Eso aplica tanto al amor como a la carrera, porque a veces las personas quieren las cosas por las razones equivocadas. Por egoísmo, por competición, por venganza. Ese no es quien eres. Tienes que aprender a confiar en ti mismo''. La increíble rapidez con que Salma Hayek se convirtió en estrella es ejemplo de alcanzar una meta, y quizás nosotros también debemos empezar a escucharnos un poquito más.

10

Pedazos de Trivialidades

1. El plato mexicano favorito de Salma es chiles en hogada—parecido al chile relleno, pero sin el queso.

2. A Salma le gusta fumar cigarros puros.

3. La familia es lo más importante en la vida de Salma.

4. La comida americana favorita de Salma es la cena del Día de Acción de Gracias.

5. Salma platica con Dios, pero no le gusta negociar con El. Uno de sus dichos preferidos es "Dios sabe por qué hace las cosas."

6. A Salma le encantaría trabajar con Daniel Day-Lewis, Sean Penn, y Johnny Depp, entre otros.

7. Marlon Brando es, en los ojos de Salma, el hombre más sexy del mundo.

8. El compañero de rodaje que más le atrajo fue George Clooney.

9. Para Salma la parte favorita del cuerpo masculino son las caderas.

10. Su casa en las colinas de Hollywood tiene la vista de las cimas de las montañas y del mar, de cada ventana. La remodeló Salma, y fue un proyecto que le servía para desconectarse de la farándula de Hollywood.

11. Salma ganó el MTV Movie Award para el mejor beso junto a Antonio Banderas por la película *Desperado*.

12. Ermáhn Ospina, quien ha hecho el maquillaje de Salma desde hace años, dice que el rostro de Salma es difícil de maquillar: "No por ser feo, sino porque al ser perfecto es facil destrozarlo."

13. Salma rechazó el papel principal de la
    pelicula *Selena*, porque su muerte era muy
    reciente y sentía que nunca podría susti-
    tuirla. (Jennifer Lopez, la actriz puertorri-
    queña, dijo a la revista *Movieline* que el
    director, Gregory Nava, no se le ofrecía el
    papel a Salma, lo cual pareció incitar una
    rivalidad entre las dos estrellas. Se alega
    que Lopez también dijo que no le gustó
    Fools Rush In. Los periodistas querían
    una pelea, pero Salma dice que no se
    ofendió lo que dijo Jennifer.)

14. A Salma le gusta bucear, ver películas e ir
    de compras.

15. A Salma le gustaría hacer teatro algún
    día, en Broadway o fuera de Broadway.

16. A Salma le encantan los animales, espe-
    cialmente sus dos monos ardilla (squirrel
    monkeys) llamados Mariachi y Carolina.

17. Lo que más extraña Salma de México es
    su familia, la comida, y el sentido de
    amistad y camaradería.

18. Según Salma la mejor escena de comida
    en una película es la *Willie Wonka and*

the Chocolate Factory, cuando el niño pobre recibe una tabla de chocolate para su cumpleaños y la reparte con su madre y sus abuelos.

19. Salma prefiere ver dramas, películas extranjeras o comedias cuando va al cine.

20. Salma empezó a actuar a los dieciocho años de edad.

21. Salma es una gran admiradora de Robert De Niro.

22. Salma conoció al Presidente Clinton en una cena en Washington. ''Si yo hubiera estado en su lugar, no se si habría mentido,'' dijo. ''Yo creo que esos problemas son de él y su mujer.''

23. Algunas de las actrices con quienes le gustaría trabajar son: Emma Thompson, Susan Sarandon, Angela Bassett, Patricia Arquette, Winona Ryder y Meryl Streep.

24. Salma no ha tomado drogas nunca, no fuma cigarillos, y toma alcohol con muy poca frecuencia.

25. Salma salió en el primer show de María Conchita Alonso, *Al día con María Conchita*, estrenado por la cadena Telemundo en 1998. Le regaló a María Conchita un cristal de cuarzo—para buena suerte.

26. Salma supera la nostalgia para su tierra (que le ataca más cuando cocina comida mexicana) hablando cada día con sus seres queridos.

27. Para la decimoquinta ceremonia de entrega de los premios MTV Video Music Awards, presentada por Ben Stiller en octubre del 98, Salma dio su toque final con tatuajes (temporales) de mariposas en el cuerpo.

28. Puedes escribir a Salma a las siguientes direcciones:

   I. Publicista: Salma Hayek
                          c/o Baker, Wynokur & Ryder
                          405 South Beverly Drive
                          Fifth Floor
                          Beverly Hills, CA 90212

II. Agente: Salma Hayek
             c/o William Morris Agency
             1325 Avenue of the
             Americas
             New York, NY 10019-4701

11

Cronología

1968

2 de Septiembre nace Salma Hayek en Coatzacoalcos, Veracruz, México.

1981

Salma va a un colegio interno en Louisiana a los trece años.

1984

A los dieciséis años Salma pasa cuatro meses en Houston con una tía suya.

Salma regresa a la Ciudad de México para empezar a estudiar Relaciones Internacionales y Drama en la Universidad Iberoamericana.

1989

Un productor de telenovelas de la cadena Televisa descubre a Salma.

Salma aparece en su primera telenovela, ''Nuevo Amanecer''.

1989/1990

Salma consigue el papel principal de Teresa en la telenovela del mismo nombre y se convierte en la sensación de México.

1991

Salma hace las maletas y se muda a Los Angeles, a los veintidos años, decidida a convertirse en una estrella de Hollywood.

1992

Salma consigue un pequeño papel en la serie cómica de HBO *Dream On*.

1993

Salma gana el papel secundario de Gata en la obra de Allison Anders, *Mi vida loca*.

Salma es estrella invitada en la serie de NBC ''Nurses.''

Salma consigue un papel regular en la serie de Fox "The Sinbad Show." Interpreta a Gloria, la vecina de Sinbad.

1994

Salma consigue un pequeño papel en la película para televisión dirigida por Robert Rodríguez, *Roadracers.*

1995

Salma tiene un pequeño papel de bailarina en la película de Robert Rodríguez *Four Rooms.*

Salma interpreta a Carolina en la película de Robert Rodríguez *Desperado*, el papel que la lanza a la fama.

Salma regresa a Mexico para rodar *El callejón de los milagros*, una película que ganó el premio Ariel.

1996

Salma baila con una pitón en el papel de Satánico Pandemonium en la película de Robert Rodríguez *From Dusk Till Dawn.*

Salma interpreta a Cora en la película de Kevin Hooks, *Fled.*

Salma interpreta a Esmeralda en *The Hunchback of Notre Dame*.

Salma conoce a su actual novio, Edward Atterton, mientras rueda *The Hunchback of Notre Dame*.

16 de nov. Salma es una de las presentadoras de los premios Cable ACE en Los Angeles.

Salma es escogida por la revista *People* como una de sus cincuenta personas más bellas del año.

1997

Salma protagoniza junto a Russell Crowe en *Breaking Up*.

14 de febrero se estrena *Fools Rush In*, protagonizada por Salma y Matthew Perry.

septiembre Salma se convierte en portavoz de Revlon.

1998

enero Salma consigue situarse en la lista de las diez mujeres mejor vestidas de Mr. Blackwell.

febrero Salma es nombrada una de las diez mujeres más deseadas en una encuesta realizada por la revista *Men's Fitness*.

agosto Salma protagoniza a Anita, una chica de guardarropa y aspirante a cantante en *54*.

Salma es parte del triángulo amoroso de *The Velocity of Gary*. (Todavía no estrenada)

octubre Salma termina de rodar *El coronel no tiene quien le escriba*, la película basada en la novela de Gabriel García Márquez.

Salma presenta un premio en los VH1 Fashion Awards, con Ellen DeGeneres.

1999

Salma aparece junto a Ben Affleck y Matt Damon en *Dogma*, la historia de amor de Kevin Smith.

Salma interpreta a Frida Kahlo en *Frida*.

julio Salma protagoniza con Will Smith, Kevin Kline y Kenneth Branagh *The Wild Wild West,* dirigida por Barry Sonnenfeld.

12

Salma en la Red

Para averiguar las últimas novedades de Salma, incluyendo críticas de sus películas, estrenos próximos e información personal, visite las siguientes direcciones en el web:

1. **www.salma.com**
   Esta página constantemente añadida incluye información biográfica, entrevistas, críticas de películas, fotos y las últimas noticias sobre Salma. (Esta página es independiente; no está asociada en ninguna forma con Salma o su administración.)

2. **www.mrsshowbiz.com**
   Conectar con esta página para toda la más reciente información sobre películas y estrellas—incluyendo a Salma Hayek.

3. **www.eonline.com**
   Eonline! tiene hojas informativas de películas y criticas así como información sobre Salma Hayek.

A REVEALING LOOK AT HOLLYWOOD'S SEXIEST LEADING MAN!

ANTONIO BANDERAS

Kathleen Tracy

When he starred in *The Mambo Kings*, Antonio Banderas hardly spoke a word of English—now he's one of Hollywood's most sought-after leading men, landing roles in such films as *Philadelphia* and *Interview with the Vampire*. How did Banderas catapult to superstardom from wacky Spanish films to American blockbusters? What happened when the ultimate "Latin Lover" met the sexy Melanie Griffith? And what does the future hold for Banderas? Find out all the juicy details in this comprehensive unauthorized biography. With eight pages of fantastic photos!

ANTONIO BANDERAS
Kathleen Tracy
0-312-96055-7 _____ $5.99 U.S. _____ $7.99 CAN.